Le Dico de la Psychanalyse

et de la Psychologie

Évelyne Caralp
Alain Gallo

LES DICOS ESSENTIELS MILAN

MODE D'EMPLOI
DICO DE LA PSYCHANALYSE ET DE LA PSYCHOLOGIE

Un dictionnaire facile à lire, pratique à consulter, aux entrées et renvois multiples, avec des illustrations et de l'hypertexte pour approfondir. Un outil de travail indispensable afin de connaître, comprendre et assimiler la plupart des termes de psychanalyse et de psychologie.

Un repérage facile des entrées, classées alphabétiquement en haut de la double page.

Chaque entrée, repérée en couleur, est définie sur quelques lignes.

Les mots suivis d'un astérisque (*) renvoient vers d'autres définitions. Ce renvoi reste facultatif.

Inné

Caractère d'un comportement* qui n'a pas besoin d'être produit plusieurs fois pour se manifester d'une façon parfaite.
Pour l'entomologiste français Henri Fabre (1823-1915), le comportement des insectes est inné. L'innéité qualifie, pour lui, l'activité instinctive des animaux (fixe et immuable).
On parle, en ce sens, de réactions innées chez l'homme, mais il s'agit surtout des réflexes dits archaïques, comme le grasping reflex*.

Produit
Gènes et milieu produisent le comportement exactement comme la largeur et la longueur d'un rectangle produisent sa surface.

Instinct

On invoque l'instinct pour expliquer l'apparition de conduites qui se produisent sans apprentissage individuel préalable. Il s'agit donc de comportements préprogrammés dans le cerveau et dont le déterminisme est génétique*.
Jacques Lacan* parle, en ce sens, d'un savoir qui n'a pas besoin d'être appris.
Chez l'animal, en dépit des travaux de Konrad Lorenz*, l'opinion actuelle relativise la conception d'un déterminisme purement génétique des réponses instinctives et considère que tout comportement est, en fait, le résultat d'une interaction entre les gènes et le milieu.

Intelligence

Terme générique qui recouvre, sans aucun doute, une pluralité de fonctions intellectuelles, comme la mémoire*, l'attention* sélective, etc.
Pour Jean Piaget*, intelligence est synonyme d'activités intellectuelles*. L'intelligence se distingue de l'apprentissage* par le fait que le sujet ne tâtonne pas pour résoudre un problème. Il n'a pas

---

De l'hypertexte, sous forme de brèves, de notes, de citations, d'encadrés, permet de détailler un élément particulier de la définition ou de la compléter.

INDEX (INTELLIGENT)

Pour chaque entrée repérée en bleu le chiffre renvoie directement à la page où est défini le mot. Un ou plusieurs renvois complémentaires et facultatifs, indiqués par « *Voir aussi* », dirigent le lecteur vers un autre mot lié au concept en question.

---

besoin de découvrir, étape par étape, la solution. On situe ainsi l'acte intelligent comme un acte de compréhension soudaine.

C'est aussi le fait de savoir effectuer un détour pour arriver au but, que ce détour soit comportemental (détour de locomotion chez les animaux) ou purement abstrait, et il consiste alors à se détourner des évidences qui conduiraient dans une impasse.

On peut aussi définir l'intelligence comme la faculté d'être conscient de toutes les solutions possibles d'une situation et de raisonner juste à partir de chacune de ces possibilités (raisonnement hypothético-déductif*). En psychométrie*, la mesure de l'intelligence est réalisée grâce à des tests comme le Binet*-Simon ou le Wechsler*.

Intentionnalité ▲

C'est le fait d'avoir une intention, de viser un but, de poursuivre un projet. En phénoménologie, l'intentionnalité de la conscience* renvoie à l'idée que toute conscience est conscience « de » quelque chose.

Interprétation

Lors du travail analytique, le patient apporte un matériel essentiellement verbal, un « dire » qui dépend des changements de l'imaginaire*. L'analyste* va repérer, dans le discours, les éléments essentiels, les indicateurs de signalisation imposés par la dynamique* du désir*. L'interprétation analytique se construit sur l'association libre* à partir de ces données et, en ce sens, donne un éclairage au sujet qui est prisonnier de ses identifications* imaginaires.

> **A propos de**
> L'intentionnalité caractérise le fait d'être « a propos de ». Un article peut être « a propos » du Kosovo, mais le Kosovo ne peut pas être « a propos » d'autre chose.

EN NOUS...
TOUT UN MONDE

Les notions définies dans cet ouvrage renvoient à des réalités concrètes, matérielles. Mais, en 400 entrées environ, ce dictionnaire de la psychanalyse et de la psychologie construit aussi un monde d'idées et de sentiments..., de raisons et d'affects..., de calculs et de désirs... Un monde humain.

Écouter

Aujourd'hui, sur le terrain, dans des pays en guerre, sur le lieu de graves catastrophes, aux côtés d'ôtages relâchés, au milieu des deuils œuvrent, dans l'ombre, des cellules d'urgence, des cellules de crise, des spécialistes de l'âme humaine, de ses angoisses et de ses douleurs. Ailleurs, les souffrances, les problèmes peuvent être moins spectaculaires. Ils n'en restent pas moins gênants, insurmontables même, tant que l'ergonome ne régularise pas les relations au sein de l'entreprise, tant que le psychologue scolaire n'a pas eu des entretiens suivis avec l'élève, tant que le psychanalyste n'intervient pas.

Caspar David Friedrich, *Lever de lune sur la mer*

L'introduction du Dico constitue une vue d'ensemble du sujet traité et en donne l'essentiel.

Un index précis et détaillé renvoie directement au mot, à l'idée ou au concept. En début d'ouvrage, un «parcours fléché» est proposé afin de parcourir le Dico en moins d'une demi-heure et avoir une vision d'ensemble du sujet.

Une lecture à plusieurs niveaux : certaines entrées, plus complexes, sont signalées par un ▲, et peuvent être omises lors d'une première lecture.

EN NOUS...
TOUT UN MONDE

**Les notions définies dans cet ouvrage renvoient
à des réalités concrètes, matérielles.
Mais, en 400 entrées environ, ce dictionnaire
de la psychanalyse et de la psychologie construit
aussi un monde d'idées et de sentiments...,
de raisons et d'affects..., de calculs et de désirs...
Un monde humain.**

Écouter

Aujourd'hui, sur le terrain, dans des pays en guerre,
sur le lieu de graves catastrophes, aux côtés d'otages
relâchés, au milieu des deuils œuvrent, dans l'ombre,
des cellules d'urgence, des cellules de crise,
des spécialistes de l'âme humaine, de ses angoisses
et de ses douleurs. Ailleurs, les souffrances,
les problèmes peuvent être moins spectaculaires.
Ils n'en restent pas moins gênants, insurmontables
même, tant que l'ergonome ne régularise pas
les relations au sein de l'entreprise, tant que
le psychologue scolaire n'a pas eu des entretiens suivis
avec l'élève, tant que le psychanalyste n'intervient pas.

Caspar David Friedrich, *Lever de lune sur la mer*.

Soulager

Le psychologue clinicien, le psychanalyste, quand
il s'agit de mal-être ou de pathologie mentale,
instaurent, chacun à leur manière, une relation
thérapeutique avec leurs patients. L'« aide »,
qu'elle vienne du psychologue ou que le patient
se l'octroie dans la cure analytique, est présente,
palpable dans ses effets – vivifiante en psychologie,
désaliénante en psychanalyse.

Les mots d'un savoir et d'un savoir-faire

Les études spécialisées que les psychologues
et les psychanalystes ont suivies à l'université, le travail
sur eux-mêmes – puisque les psychanalystes doivent
suivre une psychanalyse – intègrent les travaux
expérimentaux et les recherches cliniques qui constituent
aujourd'hui le noyau des différentes psychologies
et théories psychanalytiques.
Ce dictionnaire présente les mots le plus fréquemment
utilisés dans ces différents domaines. Il s'agit
des éléments de base des descriptions et des théories
des phénomènes psychiques. Aucun mot, donc,
ne se suffit à lui-même. Il s'articule avec d'autres
pour former d'abord un « tableau », celui de la névrose
obsessionnelle (régression, rite…), par exemple,
de la mémoire (trace mnésique, oubli…) ou encore
de l'activité intellectuelle (abstraction, raisonnement,
problème…). On utilise alors plusieurs mots pour
en préciser un : le mot que l'on souhaite définir renvoie
à d'autres mots qu'il faut aussi, souvent, définir.

René Magritte, *Golconde* (détail).

À eux tous, ces mots délimitent une certaine réalité plus ou moins abstraite. Ils disent ce que cette réalité n'est pas, ce dont elle se différencie, essaient de laisser entendre ce qu'elle est.

Expliquer

Mais les mots sont aussi les pivots d'une explication, qui se réfère à nos sentiments (frustration, émotion, agressivité…), aux mécanismes qui rendent compte de l'émergence ou du développement de telle ou telle fonction psychologique, de tel ou tel comportement (assimilation, accommodation, activation centrale, déduction…). Ils s'inscrivent dans des constructions théoriques comme la psychologie de la forme, l'approche cognitiviste, les théories de l'inconscient…

Comprendre, agir

Enfin, les mots de la psychanalyse et de la psychologie (refouler, désirer, identifier, symboliser, apprendre…) nous permettent de déchiffrer, d'interpréter, de traduire ce qui se passe au fond de nous. Ils nous aident à rencontrer les autres, nos enfants, nos amis, à l'occasion nos animaux familiers. Ils sont les intermédiaires de nos pensées, de nos plaisirs, de nos souffrances.

Pour la psychanalyse, ils jouent même un rôle primordial dans leur production. Alors, les mots ne sont plus seulement descriptifs ou seulement explicatifs, ils deviennent des agents ou des acteurs et sont parfois plus efficaces qu'un médicament…

Dans certains domaines de la psychologie, les mots viennent à l'encontre des maux et, en psychanalyse, les mots se métamorphosent en actes.

Une histoire d'homme

On rencontrera donc, tout au long de ces pages, un vocabulaire qui raconte une histoire, la nôtre : avant même la naissance, avant même la parole, jusqu'à la vieillesse et la mort. Il caractérise, comme le disait Jacques Lacan, « *la situation incommode d'être homme* ».

Les clivages disciplinaires

Les entrées de ce dictionnaire se répartissent dans plusieurs secteurs, domaines ou champs. Ces secteurs constituent des psychologies, des psychanalyses. Par exemple, aujourd'hui, la psychologie cognitive semble s'instaurer comme une psychologie à part entière, celle des fonctions intellectuelles. Elle élabore ses dispositifs d'étude, ses concepts, ses théories et ses applications cliniques. Idem pour la psychologie sociale, la psychologie de l'enfant, la psychologie clinique, la psychopathologie, la psychophysiologie… Idem pour les psychanalyses freudienne, lacanienne, kleinienne ou jungienne…

Les systèmes explicatifs

Il s'agit bien d'expliquer le pourquoi de nos conduites, de nos sentiments, de nos pensées. Les causes de nos comportements sont décidées organiques

(psychophysiologie), sociales (psychologie sociale),
cognitives (psychologie cognitive), etc. Par exemple,
si l'on recherche des causes organiques, on se dirigera
vers la psychiatrie, la neurophysiologie ;
si l'on privilégie les liens sociaux et leur histoire,
le rôle de la famille et de chacun de ses membres,
les représentations, les sentiments, l'appartenance
à une culture donnée, un vaste panorama
de psychologies s'offre à nous…
Cet ouvrage fait aussi une grande part
à une psychanalyse qui n'est pas « conciliante »,
dans le sens où elle n'aborde pas le sujet souffrant,
l'autre ou soi-même, avec un projet exclusivement
éducatif ou thérapeutique, soumis à l'« agir vite »
de la pression économique.
Ce dictionnaire, finalement, peut fournir au lecteur
en quête d'une conception de la connaissance d'autrui
et de lui-même des informations, des repères,
des orientations selon qu'il cherche à (s')aider,
(se) guérir, (se) sauver, à (se) réinsérer ou à s'affranchir,
se délivrer, se désaliéner, se responsabiliser.

En route
vers votre odyssée…

PARCOURS FLÉCHÉ

Pour guider le lecteur dans son apprentissage des différents domaines de la psychanalyse et de la psychologie, ce « parcours fléché » présente quelque soixante entrées qui lui donneront une idée d'ensemble de chacune des quatre parties distinguées.

1. Les activités intellectuelles

abstraction
activité intellectuelle
apprentissage
catégorisation
cognition
déduction
image
raisonnement
représentation
résolution de problèmes

2. Les problèmes psychologiques

acte manqué
amnésie
angoisse
anorexie
aphasie
autisme
censure
complexe d'Œdipe
conflit
cure (analytique)
dépression
désir
fantasme
Freud (Sigmund)
inconscient
jouissance
Lacan (Jacques)
névrose
paranoïa
perversion
psychose
pulsion
schizophrénie
symptôme

3. Le développement de l'enfant

adolescence
âge mental
attachement
développement
hospitalisme
imitation
jeu
maturation
ontogenèse
Piaget (Jean)
puberté
quotient intellectuel
Wallon (Henri)

4. La vie en société

attitude
autorité
communication
influence (sociale)
opinion
préjugé
rôle
statut

LES GRANDES FIGURES DE LA PSYCHANALYSE ET DE LA PSYCHOLOGIE

La philosophie des Lumières (courant de pensée des XVIIe, en partie, et XVIIIe siècles), à l'aube de la modernité, a inventé le culte de la raison, de la conscience. Les principes d'une analyse rationnelle sont alors appliqués à tous les domaines du savoir et, en particulier, à la connaissance du phénomène mental. Le XIXe siècle (avec Nietzsche, par exemple) introduit dans ce système un doute puissant : dans le « *Je pense* » de Descartes, le « *je* » ne serait qu'une « fiction littéraire », car des idées, à tout moment, submergent notre esprit en dépit de notre volonté.

La psychologie, dans ses domaines spécifiques (psychologie expérimentale, psychologie clinique...) hérite ces conceptions. Elle analyse le psychisme sous toutes ses formes, rationnelles ou non. Quant à la « peste freudienne », la psychanalyse, elle ose repenser la conscience, la sexualité. Elle démystifie les fictions sociales et s'établit en rupture avec la psychologie. Dès les premières grandes figures évoquées ici (Mesmer et son « magnétisme », Weber et les lois scientifiques de la psychophysique), le contraste, l'opposition même s'installeront. La polémique continue aujourd'hui entre les défenseurs

**d'un fonctionnement logique de la raison claire
et ceux qui considèrent que le psychisme est un lieu
où s'affrontent des forces obscures.**

Franz Anton Mesmer (1734-1815)

Ce médecin allemand utilise son fluide personnel
pour soigner ses malades. Il nomme cette méthode
le « magnétisme animal ». Son travail révèle l'efficacité
de ce qui sera appelé, plus tard, l'hypnose. Son élève,
Arnaud Jacques de Chastenet, marquis de Puységur,
élabore la technique sous le nom de somnambulisme.

Ernst Heinrich Weber (1795-1878)

Ce physiologiste allemand énonce les lois
de la sensation, et particulièrement celle qui porte
son nom, et met en formule ce que l'on appelle
les échelons d'une sensation (tactile, thermique, etc.).

James Braid (1795-1860)

Ce neurologue anglais crée le terme d'hypnose
(du grec *hupnoûn*, « endormir »), en 1843,
pour qualifier ce sommeil que l'on peut déclencher
par suggestion.

Gustav Theodor Fechner (1801-1887)

Ce physicien, biologiste et philosophe allemand fonde
la psychophysique, en collaboration avec Ernst Heinrich
Weber (1795-1878). Il établit un lien entre les paramètres
physiques des stimulations (acoustiques, visuelles,
tactiles, etc.) et les sensations qu'éprouve le sujet.

Paul Broca (1824-1880)

Ce chirurgien français étudie les fonctions
du cerveau. Il localise un centre du langage
dans l'hémisphère gauche (aire de Broca) grâce à
des recherches sur les troubles du langage (aphasie).

Jean Martin Charcot (1825-1893)

Médecin français, responsable du secteur
des hystériques et des épileptiques de l'hôpital
de la Salpêtrière, à Paris. Il pratique l'hypnose
à des fins thérapeutiques.

Wilhelm Wundt (1832-1920)

Ce physiologiste et psychologue allemand ouvre
à Leipzig le premier laboratoire de psychologie
expérimentale et jette les bases d'une psychologie
sociale.

Josef Breuer (1842-1925)

Ce médecin autrichien invente la méthode
cathartique, méthode psychothérapeutique
qui consiste à conduire le patient à extérioriser
des événements refoulés afin d'obtenir une libération
(*catharsis*, en grec, signifie « purification »).
Il a collaboré de nombreuses années
avec Sigmund Freud.

Ivan Petrovitch Pavlov (1849-1936)

Ce médecin et physiologiste russe découvre les réflexes
conditionnés et leurs lois.

Hermann Ebbinghaus (1850-1909)

Ce psychologue allemand étudie la mémoire. Il met au point une étude expérimentale quantitative de l'oubli et en établit les lois.

Sigmund Freud (1856-1939)

Neurologue autrichien, né à Freiberg, en Moravie, et mort à Londres, Freud est le fondateur de la psychanalyse. Il vit surtout à Vienne, y fait ses études de médecine puis y enseigne à partir de 1883. Il publie de nombreux articles de neurophysiologie et s'installe comme neurologue en 1886. Un voyage à Paris lui permet de rencontrer Jean Martin Charcot (1825-1893).
Dans le traitement de ses malades, il essaie alors l'hypnose avant de jeter les bases de la psychanalyse et de la cure analytique. À la suite de son expérience clinique, Freud établit une théorie topique et dynamique de l'inconscient : les cures analytiques révèlent que la vie psychique renferme des pensées efficientes, bien que non conscientes, et productrices de symptômes. L'invasion allemande de l'Autriche, en 1938, l'oblige à se réfugier à Londres, où il meurt à l'âge de 83 ans.

Alfred Binet (1857-1911)

Ce physiologiste et psychologue français utilise la psychologie expérimentale pour établir, en 1905, une échelle métrique de l'intelligence. En effet, avec l'aide de Théodore Simon (1873-1961), un médecin

français, il met au point une série d'épreuves pour
évaluer l'âge mental des enfants entre 3 et 13 ans
(test de Binet-Simon).

Pierre Janet (1859-1947)

Ce psychologue et médecin français aborde
l'inconscient d'une manière scientifique et fonde
la psychologie clinique.
On retient de ses travaux la notion d'automatisme
psychologique et d'analyse psychologique.
Pour Janet, tout ce qui est inconscient provient
de la « dissociation psychique ».

Bertha Pappenheim (1859-1936)

Appelée Anna O. par Freud, elle fut la première
analysante de l'histoire de la psychanalyse.

Alfred Adler (1870-1937)

Ce médecin et psychologue autrichien met au point
la « psychologie individuelle ».
Il refuse le concept de complexe d'Œdipe, ainsi
que la sexualité infantile de Freud. Pour lui,
le psychisme inconscient est dominé par une volonté
de puissance qui vient compenser un sentiment
d'infériorité.

William Stern (1871-1938)

Ce psychologue et philosophe allemand invente
la psychologie différentielle. Il est connu pour
ses travaux sur la psychologie de l'enfant.

Carl Gustav Jung (1875-1961)

Psychiatre suisse. Pour Jung, au-delà de l'inconscient individuel existe un inconscient collectif commun à l'humanité et qui accumule une expérience millénaire. Cette expérience s'exprime sous la forme d'archétypes que l'on retrouve, par exemple, dans les mythes et les rêves.
Le patient devra renouer avec ces archétypes, c'est-à-dire avec ses origines.

Karl Abraham (1877-1925)

Ce médecin et psychanalyste allemand, président de l'Association psychanalytique internationale en 1925, apporte, entre autres, aux théories psychanalytiques la notion d'objet partiel.

John Broadus Watson (1878-1958)

Ce psychologue américain est le créateur du béhaviorisme, ou théorie du comportement. Il s'agit d'établir des lois reliant le stimulus et la réponse chez l'être humain, afin de prévoir son comportement si l'on connaît le stimulus.

Henri Wallon (1879-1962)

Ce médecin français oriente ses recherches sur le développement de l'enfant.
Il définit la notion de milieu comme milieu spécifiquement humain et non pas physique.
Pour lui, ce sont les échanges interindividuels qui structurent le développement de l'enfant.

Ludwig Binswanger (1881-1966)

Ce psychiatre suisse invente l'analyse dite
« existentielle » en s'appuyant sur la psychanalyse
et la phénoménologie.

Clark Leonard Hull (1884-1952)

Ce psychologue américain prône un souci de rigueur
scientifique en psychologie.
Il met au point une méthode de mise à l'épreuve
des théories par l'expérience (méthode hypothético-
déductive).

Melanie Klein (1882-1960)

Cette psychanalyste britannique développe
une théorie psychanalytique étayée par sa pratique
des jeunes enfants. Sa fine analyse du fonctionnement
psychique reste très utilisée.

Hermann Rorschach (1884-1922)

Ce psychiatre et neurologue suisse est l'auteur
d'un test de personnalité qui porte son nom
et qui est toujours utilisé.

Wolfgang Köhler (1887-1967)

Ce psychologue américain étudie l'intelligence
des animaux (chimpanzés) et élabore, avec Max
Wertheimer (1880-1943) et Kurt Koffka (1886-1941),
la psychologie de la forme : notre perception du monde
est toujours celle de formes organisées, d'unités
se détachant sur un fond.

Kurt Koffka (1886-1941)

Ce psychologue américain fonde, avec ses collègues Wolfgang Köhler (1887-1967) et Max Wertheimer (1880-1943), la *Gestalttheorie* (psychologie de la forme), ou gestaltisme.

Kurt Lewin (1890-1947)

Ce psychosociologue américain d'origine allemande concentre ses travaux sur l'étude du fonctionnement psychologique d'un groupe. Il soulignera l'importance de sa dynamique.

Anna Freud (1895-1982)

Psychanalyste britannique d'origine autrichienne, la fille de Sigmund Freud. Elle est une des premières à pratiquer des psychanalyses d'enfants.

Jean Piaget (1896-1980)

Ce psychologue suisse étudie les activités intellectuelles (intelligence, opérations de connaissance) chez l'enfant. La pédagogie, l'éducation s'appuient sur ses travaux.

Michael Balint (1896-1970)

Ce psychiatre et psychanalyste britannique souligne l'importance de la relation entre les cliniciens et leurs patients. Il met en place un dispositif de travail dirigé par un psychanalyste (le groupe Balint) afin de permettre aux médecins de prendre conscience des dynamiques inconscientes qui agissent sur leurs relations avec leurs malades.

David Wechsler (1896-1981)

Ce psychologue américain réalise une approche statistique de l'intelligence.

Ses tests sont toujours utilisés (test pour adultes : le WAIS ; test pour enfants de 5 à 16 ans : le WISC ; tests pour enfant de 4 à 6 ans : le WPPSI).

Donald Woods Winnicott (1896-1971)

Ce pédiatre et psychanalyste britannique tente d'introduire le savoir psychanalytique en psychiatrie. Son apport théorique le plus célèbre est l'objet transitionnel.

Jacques Lacan (1901-1981)

Ce psychiatre et psychanalyste français utilise les connaissances de la linguistique, de la philosophie et de la logique afin de réaliser un « retour à Freud ».

Il fonde l'École freudienne de Paris en 1964.

Gregory Bateson (1904-1980)

Cet anthropologue et ethnologue américain fonde, en Californie, l'école de Palo Alto et invente les thérapies familiales.

James Jerome Gibson (1904-1979)

Ce psychologue américain invente la notion d'*affordance* et met en cause le fait que nous ne recevrions du monde environnant que des stimulations physiques.

Françoise Dolto (1908-1988)

Cette psychiatre et psychanalyste française contribue largement à faire connaître au grand public les théories de la psychanalyse. Elle analyse les problèmes rencontrés par les parents avec leurs enfants dans le but d'améliorer leurs relations.

Alexander Mitscherlich (1908-1982)

Ce médecin et psychanalyste allemand ouvre, en 1949, la première clinique allemande de psychosomatique.

Fernand Deligny (né en 1913)

Cet instituteur français imagine, pour les enfants autistes, un mode de vie à la campagne construit uniquement sur le symbolique qu'offre la vie dans les taches quotidiennes.

Thomas Stephen Szasz (né en 1920)

Ce psychiatre et psychanalyste américain d'origine hongroise critique les hôpitaux psychiatriques, trop déshumanisants. Il est le précurseur du mouvement anglais de l'antipsychiatrie (1960).

Maud Mannoni (1923-1998)

Cette psychanalyste française crée, en 1969, une école thérapeutique pour les enfants psychotiques, l'École expérimentale de Bonneuil.

Signalétique des définitions

- Les entrées suivies de ce sigle (▲), plus complexes et réservées à un lecteur avancé, peuvent être omises lors d'une première lecture de ce Dico.

- Les mots suivis d'un astérisque (*) renvoient vers d'autres définitions, pour approfondir. Ce renvoi est conseillé.

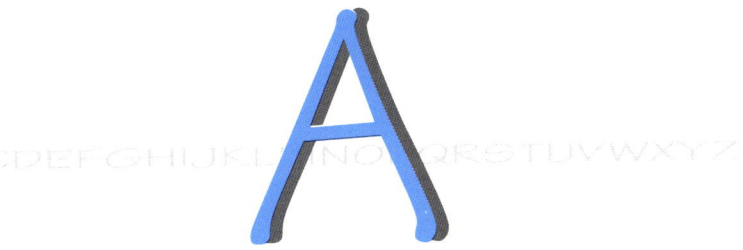

Abandonnique

Une personne est dite abandonnique lorsqu'elle vit
dans l'angoisse* permanente d'être délaissée
par son entourage (parents, conjoint, amis, enfants,
etc.). Cette fragilité psychique vient la plupart
du temps d'une expérience infantile d'abandon
qui fut traumatisante.

ABRAHAM (Karl)

Médecin et psychanalyste* allemand (1877-1925).
Élève de Sigmund Freud*, président de l'Association
psychanalytique internationale (1925).
Il a beaucoup œuvré pour l'extension de
la psychanalyse*. Sa correspondance avec Freud
est très intéressante.

Abréaction

On appelle abréaction le fait que des souvenirs douloureux et/ou inavouables reviennent à l'esprit lors de la cure analytique*.

Abstraction

On dit « c'est abstrait ! » au sens de « c'est compliqué ! » ou « ce n'est pas assez concret ! ». En fait, nous utilisons tous des abstractions grâce à une capacité de notre esprit nous permettant de remplacer un objet ou un événement par un élément de substitution, un mot, par exemple. Le mot recouvre la classe des objets ou des événements ayant les mêmes traits principaux que l'objet qu'il désigne. Par exemple, « ceci est un arbre ». Le mot participe largement à la construction ou à la reconnaissance de l'objet. Il existe des degrés d'abstraction, c'est-à-dire un emboîtement de plus en plus général des classes les unes dans les autres, comme : chêne, arbre, végétal, vivant…

Accommodation

Selon Jean Piaget*, il s'agit de la modification d'un schème* due à des nécessités d'adaptation* du sujet à des problèmes nouveaux.

Accoutumance

1) Nous sommes capables de nous désintéresser d'un grand nombre de messages sans importance pour nous sur le moment, ce qui nous permet de concentrer notre attention* sur l'action que nous sommes en train d'effectuer. S'accoutumer, c'est apprendre à ne plus répondre à une stimulation de l'environnement. L'accoutumance

s'explique par un phénomène d'inhibition*
centrale : il ne s'agit pas d'un oubli*.
2) Liée à la pharmacodépendance (dépendance
à un médicament), l'accoutumance à une drogue
est une adaptation* de l'organisme : le sujet doit
prendre des doses toujours plus importantes
pour éprouver les mêmes effets. Il en arrive
à consommer des doses qui, en temps normal,
seraient mortelles.

Acte manqué

Il nous arrive d'accomplir des actes, des gestes
involontaires. La théorie freudienne voit là le signe
qu'il existe chez l'être humain une partie de lui-
même qui échappe à son contrôle.
Exemple : dans une conversation entre deux amis,
un mot insultant échappe à l'un d'entre eux lorsqu'il
parle de la femme de son interlocuteur. Ce mot,
appelé lapsus*, traduit un désir* inconscient
refoulé*. Tout comme le phénomène
du symptôme*, l'acte manqué résulte d'un conflit*
entre un désir inconscient et la volonté (consciente*)
du sujet.

Acte (passage à l')

Dans la théorie lacanienne, le passage à l'acte,
généralement violent, traduit le « désespoir »
du sujet, son impuissance à contrôler ses pulsions*
et à trouver sa place dans la vie. Le passage à
l'acte est motivé par une incontrôlable poussée
à agir contre soi-même ou contre l'autre*.
Il n'est pas un acte dans le sens symbolique
du terme : il ne s'adresse à personne.
Il est purement destructeur et traduit la victoire
de la jouissance*.

Récupération immédiate
Un souvenir subit
une érosion avec
le temps. Ce n'est
pas le cas pour un
phénomène soumis
à une inhibition,
car il peut être
récupéré
(sous l'effet
d'une stimulation
nouvelle,
par exemple)
à l'occasion d'une
« désinhibition »
dans son intégralité.

Le lieu de la vérité
Le désir inconscient
est ce qu'il y a
de plus réel
chez un sujet. L'acte
appelé acte manqué
est donc un acte…
réussi.

Acting-out

Contrairement au passage à l'acte*, l'*acting-out* est un acte symbolique, un appel. Le sujet, par un comportement singulier, signifie inconsciemment quelque chose à quelqu'un. C'est Jacques Lacan* qui a établi une franche distinction entre passage à l'acte et *acting-out*. L'*acting-out* traduit quelque chose d'impossible à dire ; c'est un langage du désir*. Pour le psychanalyste*, l'*acting-out* signe un retour du refoulé*.

Activation

1) Notre niveau de vigilance* dépend de l'état d'activation de notre système nerveux. Une des structures* de ce système, appelée « formation réticulée », joue le rôle principal : la stimulation de cette partie du cerveau entraîne une modification du tracé électroencéphalographique, une augmentation du débit sanguin cérébral, etc. La variation de ces indices va de pair avec le degré de vigilance du sujet.
2) Phénomène supposé provoquer la mise en œuvre de représentations* ou d'opérations intellectuelles : ainsi la présence d'un chien activerait l'image mentale* et le concept* de chien et s'exprimerait par le mot « chien », énoncé par le sujet.

Actives (méthodes)

Ensemble de pratiques pédagogiques reposant sur la participation de l'élève comme condition de tout apprentissage*.

Activité intellectuelle

Faculté consistant à élaborer des abstractions* (images mentales*, concepts*) et des liaisons entre

ces abstractions. L'esprit traite ainsi de
représentations* plus ou moins générales des objets
et événements du monde et les relie grâce
à des opérations diverses, en particulier celles
de la logique des classes, ou à des propositions
comme l'inclusion, l'intersection ou bien
la conjonction, l'implication, etc. Nous pouvons
ainsi comprendre un discours, une situation,
raisonner de façon déductive* (en passant
de propositions générales à des propositions
plus particulières) ou inductive* (cheminement
inverse), acquérir des connaissances et résoudre
des problèmes*.

Adaptation

1) Dans le cadre des théories de l'évolution*,
l'adaptation est un concept* central avec celui
de sélection* naturelle. Pour Charles Darwin*,
au cours de la lutte que mènent entre eux
les individus d'une espèce pour un territoire* et
des ressources insuffisantes pour tous,
seuls les plus aptes survivent à la compétition
et se reproduisent en transmettant leurs caractères.
2) Pour Jean Piaget*, l'adaptation est
un phénomène recouvrant deux mécanismes
distincts, qui permettent d'équilibrer la relation
d'un être avec son environnement. Grâce à
un mécanisme d'assimilation*, l'esprit intègre
des données nouvelles à des « schèmes* ».
Par un mécanisme d'accommodation*, un schème
se modifie sous l'effet de données nouvelles.

Adaptation (sensorielle)

En psychophysique*, l'adaptation sensorielle
d'un récepteur, l'œil par exemple, traduit le fait

Quand l'objet ou bien le sujet se déplacent
Ce ne sont pas les mêmes cellules sensorielles qui sont alors stimulées : du coup, elles n'ont pas le temps de s'adapter, c'est-à-dire de devenir non fonctionnelles, comme c'est le cas quand il n'y a pas de déplacement.

Contre une angoisse latente
Au départ, l'alcoolisme est, pour le sujet, un moyen de défense contre une angoisse latente. Puis, insidieusement, l'acte de boire devient involontaire et exprime alors une affection véritable. Les causes s'analysent au cas par cas, ce symptôme se retrouvant dans différentes pathologies.

qu'une stimulation persistante délivrée sans aucun déplacement réel ou relatif finit par ne plus être perçue par le sujet.

Addiction

Du latin *adictus*, « donner son corps en gage pour une dette impayée », et *ad dictus*, « appartenir nominativement à un maître ». Ce terme nous vient des États-Unis et traduit un phénomène de dépendance à un produit ou à un comportement*, par exemple l'alcoolisme*. Les critères cliniques sont les suivants : le sujet est sous l'emprise de l'impulsion, il perd le contrôle de lui-même, passe à l'acte, obtient du plaisir et un soulagement, puis tente de s'arrêter mais n'y parvient pas, ce qui entraîne le phénomène de compulsion*.

ADLER (Alfred)

Né à Vienne en 1870, Adler fut un élève de Sigmund Freud*, mais il abandonne la thèse freudienne du rôle prééminent des pulsions* sexuelles. Il propose une « psychologie* individuelle » fondée sur un complexe d'infériorité* résultant de l'absence d'autonomie de la petite enfance. Ce complexe est compensé par le désir* de se montrer supérieur aux autres*.
Adler meurt en 1937 à Aberdeen. Il a publié, notamment, *Théorie et pratique de la psychologie individuelle* (1918).

Adolescence

De 12 à 18 ans se produit chez l'homme la maturation* pubertaire, qui pose le problème de l'acceptation des modifications corporelles et d'une identité* sexuelle. D'autre part, les débuts de l'adolescence sont marqués par l'avènement de ce que Jean Piaget* nomme intelligence* formelle. Cette pensée permet les raisonnements de type hypothético-déductif*, c'est-à-dire permet de tirer des conclusions logiques à partir d'hypothèses plausibles.

L'adolescence est aussi la période des grandes interrogations sur la vie et la mort, l'amour, la vérité, la justice…, la période de la remise en cause de la société.

Enfin, ce que l'on nomme crise de l'adolescence est, pour la psychanalyse*, le fruit d'une réactivation de l'œdipe*.

Remise en cause
Pour la psychanalyse, l'adolescence est la période où le jeune homme, la jeune fille vont éprouver, remettre en cause leur fantasme.

Affect
Voir Affectivité.

Affectivité

L'affectivité recouvre un ensemble d'impressions qui vont des émotions* aux passions.

Elle accompagne l'action et constitue une forme de réaction (interne) aux événements extérieurs. Ainsi, les affects sont des sensations particulières qui sont chargées émotionnellement et mettent en jeu des régions du système nerveux telles que le système limbique et l'hypothalamus, en relation avec le système neurovégétatif et différentes hormones*.

L'affectivité peut, selon les cas, entraîner une mobilisation énergétique propice à la réalisation comportementale (décharge d'adrénaline) ou bien une paralysie générale de l'organisme (peur).

Pour Sigmund Freud*, l'affect est habité par la pulsion* qui peut se manifester à travers lui.

Réaction
La psychanalyse avance que les émotions sont étroitement liées à l'histoire personnelle de l'individu, à son vécu inconscient. Pourquoi, par exemple, certaines personnes sont-elles émues devant une œuvre d'art contemporain et d'autres pas du tout ?

Afférence

Message véhiculé à partir des organes des sens.
Par exemple, la stimulation des cellules de la rétine
de l'œil par la lumière réfléchie par les objets donne
naissance à des potentiels d'action véhiculés,
via le nerf optique, jusqu'au lobe occipital
du cerveau.

Et du désir
Les capacités
du sujet s'ajustent
à ce qui le mobilise
et le motive, soit
son désir. Pourquoi
cet homme dans
la rue regarde-t-il
cette blonde et pas
cette brune ?

Affordance ▲

Notion intéressante que l'on doit au psychologue*
américain James Jerome Gibson*. Elle associe,
dans la perception d'un objet, ce qui vient de l'objet
lui-même et les possibilités d'action qu'y ajoute
le sujet en fonction de ses propres capacités.
Par exemple, la perception d'un escalier ou bien
celle d'une rue à traverser en tenant compte du flot
des voitures est fonction de nos capacités
locomotrices.

Âge mental

Niveau de développement* intellectuel atteint
par un enfant d'un âge chronologique donné,
et qui peut être en avance ou en retard
par rapport à celui de la moyenne des enfants
du même âge chronologique que lui.

Agnosie

Incapacité à identifier certaines informations
sensorielles (émanant des objets, des visages, etc.)
due à une lésion du cortex cérébral et non à
une atteinte des fonctions sensorielles.
Par exemple, en cas d'agnosie visuelle « pure »,
le sujet peut ne pas reconnaître les couleurs.
Dans les « alexies », la lecture des textes écrits
est impossible, etc.

Agressivité

Pulsion* ou réaction qui conduit un individu à nuire physiquement ou moralement à autrui ou à soi-même (autoagressivité). Certains cas pathologiques sont passibles de traitements (psychothérapie* ou même chimiothérapie*). Pour la psychanalyse*, avec Freud*, les conduites* agressives sont l'expression d'une pulsion de mort*. Cette dernière se partage et se dirige, pour une part, vers l'extérieur du sujet (le sadisme*) et, pour l'autre, se retourne vers le sujet lui-même (masochisme*).

Union-désunion
L'agressivité entretient une confusion dans son rapport à la sexualité. En effet, elle se lie à elle, mais s'en délie aussi. Elle tente d'anéantir tout ce que la pulsion de vie veut construire.

Alcoolisme

Voir Addiction.

Aliénation

Action d'abandonner inconsciemment ou consciemment son autonomie. Le sujet devient dépendant de quelqu'un ou de quelque chose.

Altruisme

En psychologie*, l'altruisme caractérise le fait qu'un individu aide un autre individu. Cette aide est énoncée (à tort ou à raison) comme désintéressée. En éthologie* (sociobiologie*), un animal altruiste est un animal qui se dévoue à son frère, par exemple, et ne se reproduit pas. Il favorise ainsi la propagation des gènes qu'il a en commun avec son parent.

ALZHEIMER (maladie d')

Démence démarrant vers l'âge de 55 ans et se caractérisant essentiellement par une atteinte de la mémoire*.

Ambivalence

État psychique paradoxal qui conduit le sujet
à un conflit* intrapsychique insurmontable. En effet,
il ressent pour un même objet des sentiments
contradictoires, amour et haine*, par exemple.
Afin de régler ce problème sans issue, le sujet va
développer des symptômes* névrotiques qui vont
le protéger de ce paradoxe. Dans la théorie de
Melanie Klein*, la pulsion* est fondamentalement
ambivalente ; elle crée l'objet auquel elle s'adresse
à son image : ambivalent. Cet objet, par exemple
la mère pour le petit enfant, n'est pas supportable
dans son ambivalence. L'enfant va alors le cliver
en « bon » et « mauvais » objet. Cette notion
d'ambivalence fait référence à la dualité
des pulsions de vie et de mort*.

Amnésie

Trouble de la mémoire* qui peut être rétrograde
(ce qui a déjà été mémorisé est oublié) ou
antérograde (les souvenirs ne se fixent plus).
Oublier est un phénomène normal, mais l'amnésie,
elle, est un phénomène pathologique et handicapant
par son ampleur. Limitée dans le temps
quand elle se produit à la suite d'un traumatisme,
elle peut être plus sévère dans le cas
d'encéphalopathie (maladie entraînant des lésions
cérébrales), d'accident vasculaire, etc.

Anal (stade) ou sadique-anal

Le stade sadique-anal est le deuxième stade*
du mouvement libidinal. Il se situe entre 2 et 4 ans.
La source de la pulsion* est la zone érogène anale.
La fonction de défécation (expulsion-rétention)
devient, pour l'enfant, porteuse de sens et elle lui

concède son premier pouvoir de maîtrise sur l'objet
(les fèces, ou matières fécales). Par exemple,
si l'enfant veut faire plaisir à sa mère, il expulsera
comme un cadeau les fèces ; au contraire, s'il veut
la contrarier, il les retiendra. Cette période
est marquée par une ambivalence*
des comportements* : activité-passivité, sadisme*-
masochisme* (pulsion d'emprise dans la rétention
anale).

Analysant
Voir Psychanalyse.

Analyse
Voir Psychanalyse.

Analyste
Voir Psychanalyse.

Angoisse
C'est une excitation psychique (affect*) déplaisante.
Pour Freud*, l'angoisse est corrélative à la perte
d'objet. Pour Lacan*, l'angoisse est relative
au manque*. Le désir* est la conséquence
du manque primordial. Si ce manque venait à être
comblé, le désir (moteur du sujet) serait en danger.
Cette situation renvoie l'être humain à l'angoisse
d'être submergé par l'objet tout à coup devenu
comblant, envahissant, tout-puissant.

Trop comblant
La mère est parfois
pour son enfant
trop « comblante »,
c'est-à-dire qu'elle
ne le laisse jamais
se confronter
au manque car
elle satisfait
le moindre de
ses désirs et même
les anticipe.
Cette attitude peut
entraîner chez
l'enfant un état
pathologique
(une maladie
mentale).

Animale (psychologie)
Discipline qui étudie les fonctions cognitives
et les réactions affectives des différentes espèces
animales. Le plus souvent, l'analyse des opérations
qui permettent la connaissance du monde

(cognition*) ou sa construction et celles
de la réactivité émotionnelle sont dissociées.
La psychologie animale s'est essentiellement
élaborée à partir de recherches menées en
laboratoire.

Animisme

Conception selon laquelle les éléments matériels
(vent, eau, planètes, etc.) sont « animés »
d'intentions, de désirs.
L'animisme caractérise la pensée du jeune enfant
(3 à 7 ans).

Anna O.

Son véritable nom est Bertha Pappenheim (1859-
1936). C'est avec cette patiente que,
pour la première fois, Sigmund Freud* et Josef Breuer
(1842-1925) utilisèrent la méthode cathartique*.

Anorexie

Fabrique du rien
Le corps de
l'anorexique perd
toutes ses formes
féminines
et devient
d'apparence
« asexuée ».
On a pu dire que
cette affection
traduit un refus
absolu de
la sexualité.
L'anorexique, dans
son comportement,
fabrique ce rien,
ce manque dont
elle est dépourvue.

L'anorexie se manifeste par un refus de se nourrir.
Comme dans les cas de boulimie*, ce sont
généralement des jeunes filles qui sont atteintes
d'anorexie mentale (entre 12 et 20 ans).
Le corps est perçu comme étant trop gros et,
dans un souci esthétique, la personne s'impose
un régime draconien. Ce traitement rigide a pour
conséquence un amaigrissement catastrophique
et une aménorrhée (absence de règles).
On parle de « conduite anorectique » tant le désir
de rester maigre est puissant. Il entraîne des
comportements orientés essentiellement en ce sens :
vomissements après chaque prise de nourriture,
consommation de laxatifs, de diurétiques, activités
sportives intensives, etc.

Antipsychiatrie

Mouvement révolutionnaire déniant toute spécificité
à la maladie mentale. Dans les années 1960,
la folie* a été située dans un contexte social :
la famille serait à l'origine de la maladie
d'un de ses membres et la société construirait
l'institution psychiatrique pour y enfermer
les êtres qu'elle aliène parce qu'ils refusent
ses normes. Il s'agirait donc, pour le psychiatre*
britannique David Cooper (1931-1986), par
exemple, de mettre en place l'« antihôpital » pour
faire échouer les tentatives de maltraiter la folie.

Anxiété

Sentiment confus (à la différence de la peur)
né de la crainte de l'échec ou des événements
à venir. Dans certains cas, l'anxiété peut
aussi résulter d'un conflit entre des motivations*
inconciliables. Aimer un personnage interdit,
par exemple.

Aphasie (ou dysphasie)

Altération du langage* perceptible dans l'activité
verbale qui peut caractériser le rythme de la parole,
la fonction de dénomination, la compréhension,
la faculté de répétition*. Cette altération
perturbe la structuration spatiale de l'écriture*
(agraphie ou dysgraphie), la dimension
phonologique de la lecture (dyslexie*), etc.

Appareil psychique

Notion élaborée par Sigmund Freud*
(*L'Interprétation* des *rêves**, 1900). Il s'agit
d'un lieu psychique où sont situés tous les processus
inconscients* qui gouvernent un être humain.

Les instances
L'appareil
psychique est
constitué par ce que
Freud a appelé
les instances :
l'inconscient,
le préconscient
et le conscient,
qui font partie
de la première
topique ;
le ça (réservoir
des pulsions),
le moi
(identifications)
et le surmoi
(la morale),
qui font partie
de la deuxième
topique.

Apprentissage

Modification des connaissances (savoir)
ou des comportements* (savoir-faire).
Apprendre peut consister à lier entre eux
des événements ou des actions qui ne l'étaient pas
auparavant (conditionnement* pavlovien) ; ce peut
être moduler la fréquence d'un comportement en
fonction du contexte (conditionnement skinnérien),
acquérir une conduite* nouvelle ou transformer
un comportement habituel.
L'apprentissage met en jeu la mémoire* et implique
la mobilisation des fonctions cognitives comme
l'attention* sélective ou la faculté de raisonner*
(induction*, déduction*).

Approche fonctionnelle ▲

Méthode d'étude des comportements*
des animaux qui consiste à les expliquer,
dans le cadre de la théorie de l'évolution*
de Charles Darwin*, comme des produits de
la sélection* naturelle.

Apraxie

Incapacité ou difficulté à produire certains
mouvements due à des lésions du SNC (système
nerveux central), rendant difficile ou impossible
la représentation* du geste à accomplir ou
sa programmation motrice.

Arriération mentale

Elle est définie comme une réduction importante
des capacités intellectuelles d'un sujet par rapport à
la moyenne de la population à laquelle il appartient.
Depuis 1968, l'OMS (Organisation mondiale de
la santé) propose la classification suivante :

– quotient intellectuel* (QI) compris entre 52 et 67 :
arriération légère ;
– entre 36 et 51 : arriération modérée ;
– entre 20 et 35 : arriération sévère.
Voir aussi Débilité, Oligophrénie.

Mesure
de l'intelligence ?
Les tests sont
conçus de telle sorte
qu'obtiennent
la note 100 ceux
dont l'âge mental
est identique
à l'âge réel.

Art

Dans l'art thérapie, l'art est à considérer comme
un instrument structurant pour l'individu, mais aussi
comme un moyen d'expression, une investigation
sublimatoire.

Assimilation

Terme utilisé par Jean Piaget*. Il désigne un ensemble
d'opérations intellectuelles qui permettent
l'intégration d'informations nouvelles par le sujet.

Association d'idées (ou verbale)

Technique qui consiste soit à proposer un mot
à un sujet et à analyser ce que ce mot évoque ou
induit pour lui, soit à laisser le patient associer
librement les mots qui lui viennent à l'esprit
(association libre).

Association libre

Voir Association d'idées.

Associationnisme ▲

Théorie psychologique qui, appliquée à l'activité
perceptive, propose que toute perception soit
le résultat de liaisons effectuées entre des sensations
élémentaires. La psychologie de la forme*
(*Gestalttheorie*) s'opposera radicalement à
cette conception en insistant sur la notion
de totalité perceptive.

Attachement

Lien affectif primaire qui caractérise, chez les mammifères, la relation entre une mère (ou un substitut) et son petit. L'éthologiste autrichien Konrad Lorenz* emploie le terme d'empreinte* pour caractériser le même phénomène chez les oiseaux.

La mère n'est pas la génitrice !
La jeune oie cendrée, dès l'éclosion, suit le premier objet mobile qu'elle perçoit et reste avec lui. Elle ignorera complètement sa propre mère.

Attention

Fonction psychologique permettant la concentration sur une activité et sa préparation, sur un élément de l'environnement ou sur un raisonnement (examen du lien entre les idées). Sans attention, aucune action ne serait possible : le sujet serait en distraction permanente.

Attitude

En psychologie sociale*, état d'esprit considéré comme mesurable. Les grandes questions posées par le monde moderne reçoivent des réponses différentes. Ces réponses (pour ou contre l'avortement, pour ou contre l'énergie nucléaire, par exemple) constituent des prises de position dont la psychologie sociale étudie la formation et l'évolution éventuelle.

Attention !
La théorie lacanienne rappelle que le plus corporel du corps, ce n'est pas forcément le biologique. Par exemple, l'anorexie du nourrisson traduit l'existence d'une pulsion orale qui n'a rien à voir avec la faim biologique. L'objet de cette pulsion révèle un autre genre de satisfaction que le rassasiement d'un besoin.

Autisme

Cette affection caractérise la polarisation d'un sujet sur son monde intérieur. Ce sujet ignore ainsi la réalité du monde extérieur, avec lequel il ne peut pas communiquer. Dans le cas des enfants autistes, les parents les décrivent comme étant autosuffisants et paraissent vivre dans une coquille. En effet, ils agissent comme s'ils étaient seuls au monde. Les cliniciens ont des théories explicatives divergentes sur l'autisme. Certains optent pour une cause génétique*, d'autres pour une

mauvaise interaction entre la mère et son bébé.
La théorie lacanienne avance que l'enfant autiste
ne peut pas se situer comme un vide, comme
un manque*, parce qu'il n'a pas été libéré
par le Nom-du-père* (forclusion*). Le problème
se situe donc au niveau du langage* dans lequel
le sujet est inclus sans séparation symbolique* possible.

Autoanalyse

L'autoanalyse consiste à faire, sans l'aide
de personne, sa propre analyse*. C'est ce que
Sigmund Freud* a fait, et pour cause, puisque
l'analyse est son invention. Mais pour le commun
des mortels, il est préférable de faire appel, pour
mener à bien cette grande aventure humaine,
à un professionnel.

Autorité

Capacité d'obtenir l'obéissance sans violence
qui s'appuie sur le statut* de l'individu et (ou)
son charisme. Le psychologue* Stuart Milgram a
montré (1974) les dangers de l'autorité
institutionnelle (le film *I comme Icare*, 1979, d'Henri
Verneuil, met en images ses travaux).

autre

L'autre, c'est-à-dire un autre être humain, est
indispensable à un sujet pour se construire et
s'identifier. L'enfant construit son moi* en prélevant
sur l'autre (son semblable) certains traits. C'est
un mécanisme identificatoire imaginaire*, mais qui,
en tant que processus psychologique, donne
existence à la personnalité* du sujet. C'est ce qui
fera dire à Jacques Lacan* que le moi est d'origine
un autre.

Suggestion
Certains êtres
humains se
soumettent plus
facilement que
d'autres à
une figure
d'autorité : c'est
le cas par exemple
des hystériques,
qui se laissent, nous
dit Jacques Lacan,
« *engrosser par
les mots* ».

Toi, c'est moi
Un enfant voit
son camarade
se faire mal,
c'est lui
qui pleure.

Autre (A majuscule) ▲

L'utilisation du A majuscule, introduite par Jacques Lacan* en 1953, permet de différencier l'Autre de l'autre (le semblable).

L'Autre est une instance qui représente, à travers le langage*, un ordre du monde antérieur au sujet, le langage devant se comprendre comme une structure* et non pas comme une fonction de communication*.

Le langage est le milieu spécifique de l'être humain, ce qui explique que la satisfaction des besoins* vitaux (se nourrir, boire…) n'est pas suffisante. Le phénomène de l'hospitalisme* décrit par René Arpad Spitz* démontre que l'être humain, pour pouvoir vivre, « demande » plus que manger et se désaltérer. Cette demande* s'adresse à l'Autre dont il dépend. L'Autre fait donc référence à l'absolu au sens philosophique du terme, c'est-à-dire à quelque chose d'invariable, quelque chose qui échappe au hasard.

L'Autre ne dépend de rien d'autre que de lui-même et, en ce sens, il est créateur de tout ; il est une instance organisatrice du monde et de l'ensemble des relations que les hommes entretiennent entre eux. Il est une garantie vitale pour l'homme et, pour cette raison, ce dernier s'aliène à lui.

Lacan déploie une série de figures déductible de cette structure originaire :
– Autre primordial de la demande (la mère) ;
– Autre de la loi (le père*) ;
– Autre du savoir (le sujet supposé savoir, dont l'analyste* occupe la fonction dans la cure*) ;
– Autre du désir* ;
– Autre de la jouissance*…

Un peu ou beaucoup fou
Le névrosé suppose un savoir, au sens le plus fort du terme, à l'Autre (le mot « suppose » autorise le doute). Le psychotique ne suppose pas un savoir à l'Autre : il a la certitude que cet Autre est tout-puissant et que sa vie dépend de lui.

Aversion (conditionnée)

Dégoût pour certains aliments qui ont rendu malade
le sujet. Le phénomène a été très étudié chez
les animaux, particulièrement chez les rats, dans
le cadre de l'utilisation d'appâts empoisonnés.

BALINT (groupe)

Du nom du psychiatre* et psychanalyste*
britannique d'origine hongroise Michael Balint
(1896-1970). Il s'agit de réunions de praticiens
de la médecine avec un psychanalyste dans le but
de permettre à chacun de mieux comprendre
sa relation à ses patients.

BATESON (Gregory)

Chercheur d'origine britannique (1904-1980)
qui a conjugué différentes disciplines (éthologie*,
psychiatrie*, cybernétique…) pour étudier,
particulièrement, la communication* animale
et humaine (double lien*, par exemple) et les causes
de la schizophrénie*. Il est le fondateur de l'école
dite de Palo Alto* (en Californie).

Bégaiement

Trouble de l'élocution dont les causes sont considérées comme multiples (organiques, psychoaffectives, sociales…) et nécessitant un examen psychologique complet.

Béhaviorisme

L'amour chez les béhavioristes
Chéri, est-ce que quand tu m'as fait l'amour j'ai joui ?
(Cette histoire circule et son auteur est inconnu !)

Conception de la psychologie* qui formalise l'étude du comportement* sous la forme d'un schéma reliant deux réalités objectives car observables, le stimulus* et la réponse du sujet. Les phénomènes qui se produisent dans la boîte noire (cerveau, psychisme*), parce qu'ils ne sont pas observables, échappent à l'investigation scientifique. Cette forme de comportementalisme est, en réalité, une antipsychologie.
Voir aussi Watson (John Broadus).

Bénéfices secondaires

Exemple
Une femme peut souffrir de migraine afin de ne pas s'avouer qu'elle désire un autre homme que son mari.

Chez l'être humain, le conflit* intra-psychique (entre le désir* inconscient et la volonté du sujet) provoque de très fortes tensions. L'apparition d'un symptôme* atténue cette tension. Il s'agit du « bénéfice secondaire » du symptôme, c'est-à-dire d'une solution économique, en quelque sorte, pour ne rien savoir du désir inconscient : c'est un véritable avantage que le sujet en retire. De ce fait, ce dernier tient à son symptôme.

Besoin

État résultant d'un déséquilibre d'ordre organique. Par exemple, le manque de nourriture entraîne une diminution du taux de glucose sanguin (glycémie) qui est à l'origine de la sensation de faim. À ce type de besoin primaire s'ajoutent d'autres formes de besoins strictement psychologiques comme, chez l'homme par exemple, le besoin de se cultiver et ce que l'on appelle les besoins sociaux.

BETTELHEIM (Bruno)

Psychiatre* et psychanalyste* américain d'origine autrichienne (1903-1990). Bettelheim est particulièrement connu pour ses travaux sur le comportement des hommes placés dans des situations extrêmes (camp de concentration de Buchenwald) et surtout pour ses recherches sur les autistes. Dans son ouvrage *La Forteresse vide* (1967), il défend l'idée que la cause de la maladie est à rechercher dans la relation entre la mère et l'enfant. Il prône le respect absolu de l'autonomie de l'enfant. Bettelheim s'est inspiré de Freud* et d'Erik Erikson (1902-1994, psychanalyste américain de tendance culturaliste).
En 1976, il publie un ouvrage, devenu célèbre, *Psychanalyse des contes de fées*. En dépit de certaines critiques, l'œuvre de Bruno Bettelheim est à considérer comme une avancée considérable dans la compréhension du développement* de l'enfant et de l'autisme*.

BINET (Alfred)

Psychologue* français (1857-1911). D'abord clinicien, il a tenu à prendre en compte la méthode expérimentale* et la quantification des faits psychologiques. Il a fondé en 1894 une revue, *L'Année psychologique*. Il a mis au point, avec Théodore Simon (1873-1961), une épreuve de dépistage des retards intellectuels appelée échelle métrique de l'intelligence*.
Voir aussi Quotient intellectuel.

Le besoin est-il purement animal ? Le besoin, à la différence du désir, peut être satisfait, selon Freud. De plus, pour la psychanalyse, l'homme est un être de désir et non de besoin.

BINSWANGER (Ludwig)

Psychiatre* suisse (1881-1966). Il associe dans la méthode clinique* les connaissances de la phénoménologie et de la psychanalyse*.

Bisexualité

La théorie psychanalytique défend l'idée que l'être humain a des tendances sexuelles masculines et féminines. Ces tendances sont généralement refoulées car elles génèrent un conflit que le sujet ne peut assumer. Il s'agit d'une position subjective qui se met en place lors du complexe d'Œdipe*.

Bouffée délirante aiguë

La bouffée délirante aiguë a été décrite en 1866 par le psychiatre* français Valentin Magnan (1835-1916). Elle traduit un état psychopathologique aigu provoqué par l'irruption soudaine et brutale d'un délire*. Ce délire se greffe sur le noyau d'un « automatisme mental » : le sujet a l'impression que sa pensée est devancée, répétée, que son comportement est commenté, que ses gestes lui sont imposés. Il perd tout contrôle de lui-même. Cette dépersonnalisation se traduit par une impression de transformation corporelle. Une profonde perturbation psychique le coupe de la réalité. La déréalisation s'accompagne d'une activité délirante à thèmes multiples qui s'intriquent et se contrarient. Une hospitalisation est indispensable.

Bouffée délirante
Une fois seulement, « un coup de tonnerre dans un ciel serein […] sans conséquences, sinon sans lendemains » (Valentin Magnan). *La bouffée délirante aiguë peut rester un accident unique dans la vie du sujet.*

Boulimie

Le sujet boulimique est pris par deux mécanismes que l'on trouve dans la névrose obsessionnelle* : l'obsession* et la compulsion*. En effet, la personne

boulimique est obsédée par l'idée de manger.
Hantée par une faim permanente, elle a un besoin
pressant de s'alimenter et ne résiste pas à ce besoin.
Elle ingère une grande quantité d'aliments et
culpabilise aussitôt de n'avoir pas pu se retenir.
Pour éviter une prise de poids excessive,
elle provoque des vomissements. Généralement,
la boulimie touche les jeunes filles et se rencontre
plus fréquemment dans les sociétés occidentales.
La boulimie n'appartient pas à une structure*
psychique particulière. On trouve une forme
« mixte » dans laquelle alternent boulimie et
anorexie* : la boulimarexie.

Bowlby (John)

Psychiatre* et médecin britannique né à Londres en
1907 qui a adapté à l'enfant humain les conclusions
des travaux de Harry Frederick Harlow (1905-
1981) sur l'importance des soins maternels
pour le développement* des jeunes chez les singes
(théorie de l'attachement*).

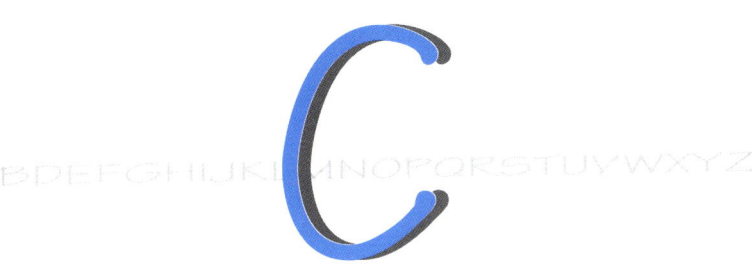

Ça

Selon Sigmund Freud*, le ça est une instance
de l'appareil psychique*, c'est-à-dire à la fois
un lieu psychique (aspect topique*) et le vivier
des pulsions* dépourvues de représentations*.
Cette instance est inconsciente ; elle serait,
selon Freud, directement liée à l'organique, et
la satisfaction pulsionnelle est son seul objectif.
Pour y parvenir, le ça est en permanence en conflit*
avec les deux instances civiles : le moi*
et le surmoi*.

L'énergie humaine
L'appareil
psychique reçoit
son énergie
des pulsions.
Il fonctionne par
et pour les pulsions.
Cette énergie
le mobilise, le met
en marche, et
l'appareil psychique
travaille pour
décharger
cette énergie.

Caractérologie

Science, aujourd'hui dépassée, proposant
une catégorisation* en types et tempéraments
des sujets humains selon des traits jugés durables.

Carte cognitive

Représentation*, sous la forme d'images ou
de plans, du milieu de vie d'un être vivant.
En psychologie cognitive* animale*, la nature
et l'existence même de telles cartes sont l'objet
de travaux contradictoires. Les « cognitivistes »,
à l'opposé des « béhavioristes », prêtent
aux animaux qu'ils étudient une représentation
abstraite, élaborée (dite « allocentrique »)
de leur espace.
Voir aussi Béhaviorisme.

Castration ▲

Voir Complexe de castration.

Catalepsie

C'est un état d'immobilité somatique : le corps peut
rester durant une très longue période dans
une même position. Ce phénomène se produit
dans certaines formes de schizophrénie*
et d'hystérie*.

Catatonie

Cet état est caractérisé par une perte de mobilité
motrice. L'individu n'est plus sensible
aux sollicitations extérieures et reste dans
une immobilité totale.

Catégorisation

Quand je cherche un taxi, j'espère rencontrer
un élément particulier appartenant à la classe
des taxis. Catégoriser, c'est élaborer des classes
d'objets ou des classes d'événements, c'est-à-dire
des ensembles composés d'éléments semblables
structurellement (exemple : la catégorie

Sous hypnose aussi…
La catalepsie peut être provoquée sous hypnose (conservation d'attitudes imposées sans limitation temporelle) ; ce fait témoigne que l'état cataleptique obéit à des facteurs psychiques.

Impressionnant !
Dans cette affection, la catalepsie est un phénomène pour le moins très surprenant : par exemple, si on soulève la nuque d'un patient allongé, elle restera soulevée comme si elle était appuyée sur un oreiller invisible.

des personnes âgées) et/ou semblables
fonctionnellement (exemple : la classe des verbes).
Comme l'a montré Jean Piaget*, cette construction
est progressive chez l'enfant, avec
des regroupements d'objets dès la première année
en fonction du comportement qui s'y applique
(objets à sucer, par exemple), puis, jusqu'à 5 ans,
l'usage concret sert de guide. À partir de la sixième
année, formes, couleurs ou matières sont utilisées
systématiquement comme points communs.
Voir aussi Concept.

Cathartique (méthode)

C'est une méthode thérapeutique utilisée
par Sigmund Freud* qui met en application,
à l'aide de l'hypnose*, le phénomène de catharsis
(la décharge des émotions*) afin de libérer
le patient de ses conflits* inconscients.
En grec, *catharsis* signifie « libération » : dès que
l'événement traumatisant refoulé* peut être dit,
la personne en est soulagée. Freud abandonna
cette méthode (trop directive) au bénéfice
de la cure analytique*, qui laisse la liberté de
parole au sujet.

Suggestion
Le thérapeute,
avec la méthode
cathartique, risque
d'induire les
réponses du patient
par la nature même
des questions
qu'il lui pose.

Causalité ▲

Il s'agit d'une opération intellectuelle prenant
en compte, ou découvrant, un lien de cause à effet
entre des événements du monde (exemple : l'eau
bout quand on la chauffe). Le schème* de causalité,
selon Jean Piaget*, s'élabore par étapes chez
l'enfant. À la causalité purement empirique,
concrète, née de la simple répétition*
de concomitances perçues, succède, avec
l'intelligence* formelle, une liaison théorique,

une causalité formelle reposant sur la connaissance d'une loi descriptive et explicative des relations entre certains phénomènes.

Censure

La censure, en psychanalyse*, est un procédé psychique qui protège l'individu de ses désirs* inconscients, désirs qui sont en désaccord avec les règles humaines de la culture (religion, lois…). La fonction de la censure est d'interdire le passage de ces désirs dans le conscient* (refoulement* des désirs intolérables).

Charge mentale

Plus un travail exige d'investissement*, en attention* sélective, par exemple, plus la charge mentale – concept de l'ergonomie* – est considérée comme importante. Sa mesure repose sur la comptabilité des erreurs, ou bien sur des indicateurs physiologiques, et permet de modifier éventuellement les conditions de travail.

Chimiothérapie

Traitement des symptômes* d'une maladie par des substances chimiques. La chimiothérapie pratiquée dans les affections mentales utilise les neuroleptiques, les antidépresseurs et les tranquillisants. Leur contribution à l'apaisement des symptômes et à l'inhibition* des conflits* psychiques est indiscutable.

Chronobiologie

Domaine de la biologie (et de la psychologie* : chronopsychologie) qui étudie les modulations, particulièrement circadiennes (alternance du jour

et de la nuit), de l'activité des êtres vivants.
Les résultats de la chronobiologie (mise en évidence
de rythmes* qu'il est nécessaire de respecter)
trouvent une application contemporaine dans
l'établissement des « rythmes scolaires ».

Clinique (psychologie)

La psychologie clinique est un domaine de
la psychologie* qui propose des théories, des outils
diagnostiques et thérapeutiques visant à permettre
au psychologue* d'apporter une aide, un soutien
au patient. Elle utilise essentiellement la technique
de l'entretien non directif et éventuellement les tests
psychométriques (calcul du QI*).

Clivage (de l'objet) ▲

Selon Melanie Klein*, le clivage de l'objet est
un mécanisme de défense* qui consiste à séparer
l'objet pulsionnel en un bon et un mauvais objet
(position paranoïde schizoïde).

Clivage (du moi) ▲

Mécanisme de défense* psychique que l'on trouve
dans la psychose* et dans le fétichisme*. Il s'agit
d'une division intrapsychique contradictoire,
localisée dans le moi*, qui consiste à dénier
la partie de la réalité qui contrarie les exigences
pulsionnelles du sujet et à en accepter l'autre partie.

Ne pas confondre !
Le clivage n'est pas
un morcellement
du moi, qui est
un processus
de décompensation
psychotique et
non un mécanisme
de défense.

Cognitifs (processus)

Voir Cognition.

Cognition

Cette notion recouvre aujourd'hui ce que l'on
appelait intelligence* ou activités intellectuelles*

à fonction de connaissance. Elle est au centre des sciences cognitives, qui tendent à regrouper des travaux qui vont de la neurophysiologie* et de la psychologie animale* jusqu'à l'intelligence artificielle (IA), en passant par l'épistémologie*, par exemple.

Cognitive (psychologie, ou cognitivisme)

Branche de la psychologie* qui étudie le développement* et le déroulement des activités intellectuelles*, particulièrement dans le cas de la situation de résolution de problèmes (étude du traitement de l'information).

Cognitives (thérapies)

Leur principe pose que la pathologie mentale est due à des dysfonctionnements acquis de la pensée (cognition*). Ces dysfonctionnements sont, en effet, considérés comme le résultat d'apprentissages* effectués par le sujet. Il s'agira alors de modifier des habitudes ou des convictions négatives, comme dans le cas où le sujet se sent d'emblée impuissant à réussir, ou bien lorsqu'il n'est pas capable de rendre cohérents le but qu'il vise et les moyens qu'il emploie, ou bien, enfin, quand il utilise des stratégies inadaptées.

Communication

Échange intentionnel d'informations entre deux sujets au moins, chacun étant alternativement émetteur et récepteur. Ces informations sont véhiculées sous la forme d'un message codé par l'émetteur, décodé par le récepteur. En fait, la relation de chaque sujet au message est particulière et simultanée, ou quasiment.

La psychologie sociale* a montré que la position spatiale (périphérie, centre…) qu'un individu occupe dans un groupe a un effet certain sur le nombre de messages qu'il adresse et qui lui sont adressés.

Complexe de castration

Lors du complexe d'Œdipe*, l'enfant se trouve confronté à la menace de castration par le père* pour que cesse le désir* incestueux orienté vers sa mère. Cette menace provoque chez le petit garçon une angoisse* qui le fait sortir du complexe d'Œdipe. Pour la fille, c'est plus compliqué : elle a, elle aussi, comme premier objet d'amour sa mère, jusqu'au jour où elle constate que cette dernière n'a pas de pénis. Elle en veut à sa mère de l'avoir mise au monde « châtrée » comme elle.
Cette haine* la rapproche du père, qu'elle prend pour objet d'amour avec l'espoir d'avoir un jour un enfant de lui comme substitut du pénis.
Elle s'identifie alors à sa mère et veut la remplacer auprès du père. Cette histoire, commune à tous, ne se déroule pas facilement et laisse dans le psychisme* des traces indélébiles.

Complexe d'Œdipe

Le complexe d'Œdipe est une situation conflictuelle qui se présente à l'enfant entre 3 et 5 ans. Le noyau central de cette situation correspond à un investissement*, à un attachement* amoureux et jaloux de l'enfant pour le parent du sexe opposé et un sentiment de haine* ou d'ambivalence* affective à l'égard de l'autre parent. Ce désir* incestueux, cet amour exclusif doit être barré (castration*) par le père* afin que l'enfant y renonce et consente à l'autorité* paternelle. En ce sens, le complexe

L'œdipe inversé
Il existe un œdipe dit inversé (homosexuel) qui traduit le désir incestueux pour le parent du même sexe. Les deux versants révèlent notre bisexualité psychique.

d'Œdipe est un organisateur psychique aboutissant
à la position hétérosexuelle et à la formation
du surmoi*.

Comportement

Un comportement est une séquence d'actes et de
postures ayant une unité de signification, comme
le comportement alimentaire, par exemple.
Il constitue une réalité observable, enregistrable,
analysable et quantifiable. Il est une expression
de la manière dont un être vivant vit les événements,
construit son monde.

L'observation est une construction Seul un phénomène extérieur au sujet est observable. Cependant, dans le rêve ou l'hallucination, ce qui est perçu n'existe pas. En fait, dans toute observation, le sujet joue un rôle actif. Il y met… du sien.

Compulsion

Il s'agit d'une force interne à l'individu qui le pousse
à agir et contre laquelle il est impuissant.
Ce phénomène se retrouve dans la névrose
obsessionnelle*. La compulsion de répétition*
traduit le fait que le sujet répète tout au long de
sa vie les mêmes expériences bien qu'elles soient
nocives pour lui. Il ne peut pas prendre conscience
de ce mécanisme de répétition sans l'aide
d'une cure* analytique. En effet, Freud* dit que
ce qui est resté incompris fait retour.

Concept

Mot arbitraire qui regroupe une classe d'objets.
Ainsi « arbre » est un mot, un signe* linguistique
qui caractérise toutes les espèces d'arbres aussi
différentes visuellement qu'un cyprès ou un saule
pleureur. En géométrie, la définition d'un concept
contient la loi de construction de l'objet général
qu'il désigne : un triangle est une figure à 3 côtés
dont la somme des angles fait 180 degrés.
Un concept se caractérise par son extension (totalité

Dire le particulier ? Quand je nomme un objet particulier, comme « ce livre », seul le pronom démonstratif « ce » le désigne comme particulier.

des objets concernés) et sa compréhension
(caractères ou attributs indispensables
à sa définition).
Voir aussi Catégorisation.

Condensation

La condensation est un mécanisme psychique actif
dans les formations de l'inconscient* qui a pour but
de symboliser le désir* inconscient en évitant
la censure*.
C'est le travail du rêve*, du lapsus*, de l'oubli
de mots, etc. Jacques Lacan* rapproche ce procédé
de la métaphore*.

Conditionnement

Forme simple d'apprentissage* consistant
à relier entre elles des stimulations
de l'environnement (conditionnement pavlovien)
ou bien des stimulations de l'environnement
et des comportements* (conditionnement
skinnérien). Ces liaisons sont généralement
établies grâce à l'attribution de récompenses
ou de punitions.
Cependant, il existe des formes latentes
d'acquisition indépendantes des sanctions.
Les techniques mises au point chez l'animal (chien,
rat, etc.) ont été appliquées à l'homme dans le cas,
par exemple, des thérapies comportementales*.

**Au-delà
du béhaviorisme**
On doit au
psychiatre
et psychologue
Pierre Janet
la distinction entre
comportement
(réalité observable
de l'extérieur)
et conduite.

Conduite

La conduite se distingue du comportement* (lequel
est défini seulement par les activités extérieures
observables) par la prise en compte des réalités
internes au sujet vécues sous la forme d'émotions*,
de désirs*, de motivations*.

Un conflit différent selon la structure
Dans la structure névrotique, le conflit oppose le surmoi au ça ; dans la structure psychotique, le ça à la réalité ; dans les organisations limites, l'idéal du moi au ça et à la réalité.

Conflit (psychique) ▲

Dans la théorie psychanalytique, le conflit intrapsychique traduit la difficulté inconsciente et particulière à laquelle le sujet est confronté. Pour Sigmund Freud*, la sexualité en serait l'élément originel. Ces conflits peuvent se traduire par la confrontation entre les différentes instances psychiques : par exemple, dans les névroses*, le conflit s'installe entre le ça* et le surmoi*, mais aussi entre les pulsions de vie et de mort*, entre le désir* et les mécanismes de défense*, etc. En général, le symptôme* est la conséquence du conflit intrapsychique.

Connexionnisme ▲

Théorie des liaisons (conditionnées particulièrement), le connexionnisme se définit aujourd'hui autrement. Il s'oppose à la conception cognitiviste du fonctionnement du cerveau. Son modèle est le réseau de neurones artificiels, ou réseau neuromimétique. Il est composé d'un ensemble de « cellules » identiques les unes aux autres, et la valeur, le poids des connexions entre elles peuvent varier. Un tel système est capable de reconnaître des formes, d'apprendre sans représentation*, etc. Il se distingue de la conception cognitiviste par l'absence de structures* hiérarchisées et spécialisées.

Conscience

Instance psychique à l'origine du sentiment d'exister, de la capacité de connaissance des objets et événements du monde et des jugements de valeur (conscience morale). La conscience de soi s'élabore par une distinction, qui s'établit progressivement,

entre le moi* et le monde extérieur (objets, autrui).
Des sentiments comme la peur, la jalousie ou
la sympathie et les comportements d'opposition*
systématique jalonnent sa constitution
chez l'enfant.

Conscient

Le terme conscient traduit les contenus psychiques
qui parviennent à la conscience* et s'oppose
ainsi à l'inconscient*, qui traduit les contenus
psychiques qui ne parviennent pas à la conscience
du sujet. La conscience est cette capacité humaine
d'être présent au monde, à la réalité, et
de le savoir.

Constructivisme ▲

Ensemble de conceptions regroupant des théories
des stades* de développement de l'enfant, comme
celles de Jean Piaget*. Mais aussi, plus
généralement, des théories systémiques qui insistent
sur le rôle des interactions entre le sujet et le monde
dans la genèse des comportements.

Contre-transfert

Le contre-transfert traduit les sentiments que
le psychanalyste* éprouve consciemment ou
inconsciemment pour son patient.
Selon Sigmund Freud*, le contre-transfert pénalise
le travail analytique.
Certains psychanalystes préconisent l'utilisation de
ce phénomène afin d'ajouter, au travail engagé
dans la cure* par le patient, un travail analytique
par l'analyste* du contre-transfert lui-même,
à des fins interprétatives.
Jacques Lacan* remet en cause ce principe.

Une nouvelle réalité
Sigmund Freud, grâce à son expérience clinique, se rend compte qu'il existe une réalité subjective pour l'être humain, qui, pour ce dernier, fait office de réalité du monde.

Pas d'interprétation
Pour supprimer le titre de « sujet supposé savoir » que l'analysant attribue à son analyste, ce dernier ne doit pas interpréter les dires de son patient mais les ponctuer : l'analysant comprendra alors que lui seul détient le savoir.

En effet, tout psychanalyste est censé avoir effectué un travail analytique personnel suffisamment approfondi pour ne pas se laisser prendre dans une relation interpersonnelle avec son patient. L'analyste n'est qu'un support contre lequel vont venir s'épuiser les identifications* de l'analysant* (images de soi idéalisées), seule condition pour que l'analysant discerne sa véritable constitution.

Culpabilité (sentiment de)

Ce sentiment d'être « en faute » peut être conscient ou inconscient. Il répond souvent à une situation œdipienne non résolue et pousse l'individu à s'autopunir effectivement ou symboliquement sans en connaître les raisons véritables (désirs* inconscients). La forme délirante du sentiment de culpabilité s'exprime dans la mélancolie*, qui peut conduire le sujet jusqu'au suicide afin de payer « sa faute ».

Arrêter la séance
L'analyste arrête la séance sur un mot ou quelque chose de particulier que l'analysant vient de dire ou de faire.

Cure (analytique)

La cure analytique est un dispositif clinique mis au point par Sigmund Freud*.
Elle a comme particularité de laisser s'exprimer le patient jusqu'à ce que ce dernier retrouve en lui la partie de son histoire qu'il a refoulée*. Dans ce dispositif, l'analyste* ponctue le discours du patient (arrête la séance) de telle façon que ce dernier puisse s'approprier « sa vérité ». Cette ponctuation toute particulière nécessite, pour agir, que l'analyste ait non seulement une bonne formation théorique universitaire, mais, de plus, qu'il ait lui-même effectué une cure.

Cyclothymie

Alternance de phases de tristesse (souvent profonde) et de joie, d'excitation ou d'euphorie. Il peut s'agir, selon l'intensité des sentiments, soit d'une simple disposition caractérielle normale, soit d'une prédisposition à la psychose* (psychose maniaco-dépressive*, schizophrénie*).

DARWIN (Charles)

Naturaliste britannique né en 1809 à Shrewsbury,
mort en 1882 à Down. Darwin effectue, en 1831,
un voyage autour du monde au cours duquel
il constate la grande variabilité des espèces.
Il en tirera, en particulier, *De l'Origine des espèces*,
en 1859, et, en 1871, *La Descendance de l'homme*
(ascendance serait une traduction plus juste).
Dans ses deux ouvrages, il soutient la thèse
principale suivante : la sélection* naturelle est
le moteur de l'évolution* des espèces jusqu'à
l'homme, non compris.

Effet réversif
Avec l'homme ont
été sélectionnés
des comportements
« moraux »
(coopération, aide,
altruisme) qui,
justement,
s'opposent
à une règle
de sélection
du plus fort.

Débilité

État caractérisé principalement par une intelligence* peu développée, mesurée par des tests psychométriques (notion de quotient intellectuel*). Les causes de la débilité sont diverses :
– déficiences organiques (aberration chromosomique du mongolisme, par exemple) ;
– maladies (encéphalopathies, lésions ou malformations du cerveau dues à des maladies comme la méningite) ;
– problèmes génétiques* (trisomie 21) ;
– mais aussi carences affectives et socioculturelles.
Voir aussi Arriération, Oligophrénie.

Déduction

Créativité
La science se montre créative, au plein sens du terme, quand elle avance d'autres propositions premières que celles admises universellement, comme dans le cas de l'invention des géométries non euclidiennes (GNE).

Mode de raisonnement obéissant aux lois de la logique et consistant à dériver successivement des propositions à partir d'une proposition première. Le raisonnement hypothético-déductif*, qui démarre sur une proposition hypothétique, est considéré comme le raisonnement scientifique par excellence.

Défenses

Voir Mécanismes de défense.

Délire

L'être humain peut avoir des idées « déréelles », c'est-à-dire des perceptions, des sentiments, des jugements, etc., qui vont le couper des relations interindividuelles et du monde extérieur. Le délire étant imperméable à toute critique, il enferme l'individu dans un système de pensée pathologique. Pour la psychanalyse* (Freud* et Lacan*), le délire correspond à une tentative de guérison de la part du malade : en ce sens, il s'apparente au symptôme* à travers lequel s'exprime le retour du refoulé*. Les psychiatres*, à l'aide de la chimiothérapie*, veillent chez certains patients à ne pas éradiquer totalement les productions délirantes (car signifiantes pour le sujet), mais à seulement les atténuer.

Demande

Ce terme prend un sens particulier lorsqu'il se réfère à la théorie lacanienne. Pour Jacques Lacan*, la « demande » est spécifiquement humaine et, en ce sens, se démarque de la notion de besoin*, qui traduit chez l'animal une nécessité vitale (manger, boire). L'homme, pour vivre, s'adresse à l'autre*, son semblable, et ce depuis sa naissance. C'est d'abord l'autre qui le nourrit, qui interprète ses cris (sa mère) et à qui il adresse ses premières demandes, alimentaires, certes, mais aussi affectives. Cette nécessité absolue l'assujettit à l'Autre*, dont il dépendra toute sa vie. La cure analytique* vise à se départir de cette dépendance. *Voir aussi* Hospitalisme.

Spécifiquement humain
De même que le désir et la demande sont au-delà du besoin, la jouissance est au-delà du plaisir.

Dénégation (ou négation)

La dénégation est un processus psychologique de défense* repéré par Sigmund Freud* lors du travail analytique avec ses patients et qui a partie liée avec le refoulement*. Cela consiste à nier, par exemple, une parole porteuse de désirs* inconscients trop difficiles à assumer pour le sujet : « Je ne sais pas pourquoi j'ai dit ça car je ne le pense pas. » Ce procédé est une façon pour le sujet d'exprimer son désir en gardant refoulée* la représentation* essentielle.

Déni

Le déni est un mécanisme de défense* qui permet
à l'individu de refuser une perception douloureuse
en niant son existence. C'est le cas de l'enfant (fille
ou garçon) qui refuse de se soumettre à l'évidence :
l'absence de pénis chez la mère. Si ce déni excède
la phase phallique* et que l'enfant persiste à nier
cette réalité bien qu'il l'ait assimilée, il s'oriente
vers le fétichisme*.

Déplacement

**L'inscription
corporelle**
Dans l'hystérie,
cet affect (énergie)
se déplace sur
un organe du corps.
Le corps prend
une signification
symbolique.

Processus qui consiste à détacher un affect* de
la représentation* à laquelle il est lié. Par exemple,
désirer un homme interdit qui porte une chemise
verte peut entraîner l'horreur du vert.
Cette représentation étant inacceptable pour le sujet,
l'affect sera dirigé vers une autre représentation
plus acceptable.

Dépression

Cette affection conduit le sujet à un état
pathologique de souffrance induit par un sentiment
de dévalorisation et une inappétence (indifférence)
face à la vie. Un ralentissement moteur s'installe,
avec lequel un appauvrissement intellectuel va
de pair. Les troubles cognitifs sont importants
et la vie affective devient insignifiante. Le sujet
est envahi par la tristesse. Dans les dépressions
appelées endogènes, le trouble de l'humeur de type
maniaco-dépressif et de forme bipolaire (maniaque
et dépressif) ou unipolaire (ou maniaque ou
dépressif) est essentiel. Les symptômes* sont
accentués le matin. Dans les dépressions appelées
psychogènes, les symptômes sont accentués le soir.
Ces dépressions sont réactionnelles* (réactions à

un événement extérieur) ou d'origine névrotique.
Les dépressions psychogènes sont considérées
comme moins graves que les endogènes.

Désensibilisation

Technique propre aux thérapies comportementales*.
Les thérapies dites comportementales consistent
à modifier un comportement pathologique considéré
comme acquis (c'est-à-dire dû à un apprentissage*)
en appliquant la théorie des réflexes conditionnés
et particulièrement le mécanisme d'inhibition*
réciproque : on fait en sorte que le patient produise
des comportements incompatibles avec
le comportement à supprimer.

Deux états opposés
Si l'on place, par exemple, le sujet en état de relaxation avant de lui demander d'imaginer l'objet de sa phobie, on obtiendra plus facilement qu'il se confronte à ce qui lui fait peur.

Désir ▲

Ce terme est à la base de la théorie
psychanalytique. Pour Sigmund Freud*, le désir
concerne la partie inconsciente et immuable du sujet
qui s'est construite par des expériences infantiles
étroitement liées au principe de plaisir*. Jacques
Lacan* oppose le désir à la demande*. En ce sens,
le désir ne vise aucun idéal ; il ne tente pas
d'obtenir de l'Autre* une réponse grâce à laquelle
il se trouverait aimable. Il ne s'encombre pas
des auspices de l'amour ni de la morale ; il est brut
et s'origine de la frustration*. Il est lié à un objet
cause du désir*.
Voir aussi Objet a, Pulsion.

Désir (objet cause du) ▲

Cet objet ne prend forme que lorsque l'enfant en
est privé : le sein devenu mythique, par exemple.
Cet objet, Jacques Lacan* l'appelle l'« objet a* ».
L'objet a, c'est la cause de la satisfaction que

l'enfant reçoit (autre que la satisfaction biologique d'un besoin* vital), une satisfaction personnelle, singulière. Jacques Lacan donne l'exemple de l'objet transitionnel* de Winnicott pour figurer ce que sous-entend cet objet, à savoir une solution individuelle qui donne de la force et du courage au sujet lorsqu'il se détache de l'Autre*, ici de la mère. L'objet a reste indicible car le langage* le ferait disparaître en le nommant. *Voir aussi* Désir, Pulsion.

Développement

Pour en savoir plus
Voir, par exemple, les travaux de William Stern (1871-1938) et lire l'ouvrage de Maurice Reuchlin *La Psychologie différentielle* (PUF, 1969).

Façon de concevoir les modifications organiques et psychologiques d'un être vivant jusqu'à sa maturité sous la forme d'une succession ordonnée d'étapes ou stades*. Le développement est souvent, aujourd'hui, considéré comme l'expression d'un programme génétique largement modulé par les effets de l'expérience. Cette notion renvoie toujours à une continuité profonde découpée par l'observateur en étapes discontinues.

Différentielle (psychologie)

Domaine de la psychologie* qui met l'accent sur la différence des conduites d'individus (ou de groupes) placés dans les mêmes conditions. Il s'agit d'étudier l'ensemble des réactions ou des stratégies comportementales qui se manifestent, particulièrement en situation de test ou en réponse à des questionnaires.

Leon Festinger
Élève de Kurt Lewin, Leon Festinger est né à New York en 1919. Ce psychosociologue américain a publié *Théorie de la dissonance cognitive* (1957) et *Conflit, décision et dissonance* (1964).

Dissonance cognitive

La théorie de la dissonance cognitive (énoncée par Leon Festinger en 1957) met en évidence le comportement des sujets* face à des informations

contradictoires (« dissonantes ») : ils ont tendance
à réduire l'écart qui existe entre elles. En effet,
l'homme vit de façon inconfortable la coexistence
de deux idées non cohérentes, de « cognitions*
dissonantes ». Il a donc tendance à minorer ou
à supprimer l'une des deux. Par exemple,
dans une situation de choix entre deux solutions,
une fois une décision prise, on aura tendance à
minorer les avantages de l'autre (réduction de
la dissonance).

Divan

L'analysant* est allongé sur un divan. L'analyste*
est assis derrière lui, de telle façon que l'analysant
ne puisse pas le voir. Ce dispositif particulier
conduit peu à peu le patient à se dégager
du grand Autre*.

Dolto (Françoise)

Psychiatre* et psychanalyste* française (1908-
1988). Amie de Jacques Lacan*, sa vocation
a toujours été de s'occuper des enfants et de leur
éducation (*La Cause des enfants*). Elle définit
le premier stade* du développement* de l'enfant
comme stade « buccal » dans une atmosphère
d'« aimance » maternelle (« bon maternage »).
La mère y dispense des « castrations*
humanisantes » qui ont pour effet de séparer
le corps de l'enfant de celui de la mère. C'est
au cours de ce stade que se met en place le type
de relation à autrui. Les autres stades (« anal »,
« œdipien ») s'accompagnent aussi de castrations
permettant l'autonomie corporelle et une relation
au père*. Ces castrations successives sont
déterminantes pour l'élaboration du schéma

Structure et fonction
Une zone de l'hémisphère cérébral gauche (chez les droitiers), le *planum temporale*, est particulièrement développée chez l'homme, être parlant. On a mis en évidence le même développement de cette zone chez les singes anthropoïdes. De là à déduire qu'ils ont un langage…

corporel*, médiateur essentiel du rapport langagier au corps et à autrui. Un des ouvrages les plus célèbres de Françoise Dolto est *L'Évangile au risque de la psychanalyse** (1977).

Dominance cérébrale

Un des deux hémisphères chez l'homme et chez les grands singes semble avoir des fonctions plus importantes que l'autre : ainsi, chez les sujets humains droitiers, l'hémisphère gauche est le siège principal de la parole. Cependant, on sait depuis peu que l'hémisphère droit joue aussi un rôle (perception de la modulation de la parole et de son contenu émotionnel). Une asymétrie entre les deux hémisphères existe donc bien, mais elle est moins nette qu'on ne l'avait cru.

Double lien (*Double bind*)

On doit à l'école de Palo Alto* (fondée par Gregory Bateson*) la mise en évidence de communications* pathogènes dans les familles de schizophrènes (1956). Certains messages émis par la mère, par exemple vers son enfant, renferment une contradiction : la mère se rétracte au contact de son bébé mais, culpabilisée, se dévoue à lui. Le bébé est écartelé dans un lien « double » initiant, pour cette école, la pathologie de la schizophrénie*.

Les récepteurs de la douleur
Ils sont constitués de terminaisons libres qui reçoivent une information sur une lésion éventuelle (mécanique, thermique, chimique…) de la partie du corps qu'elles innervent.

Douleur

Sensation liée à des stimulations difficilement supportables. Le corps humain renferme des récepteurs de ces stimulations nommés nocicepteurs. Ainsi la peau contient ce type de récepteurs qui émettent des messages véhiculés par des faisceaux de la moelle épinière jusqu'au cerveau (système limbique, siège de la dimension émotionnelle, thalamus, en relation avec les ganglions de la base, et cortex prémoteur, siège de la réaction de défense).

DSM-IV

Diagnostic and Statistical Manual of Mental Disorders, « Manuel diagnostique et statistique des troubles mentaux ». L'association américaine de psychiatrie* a établi une description et une classification des troubles mentaux qui sert de référence diagnostique au niveau mondial.

Dynamique

Le fonctionnement des processus psychiques dans leur mode d'activité est assimilé aux concepts* de la mécanique tels que la force, l'équilibre…

Dyslexie

Voir Aphasie (ou dysphasie).

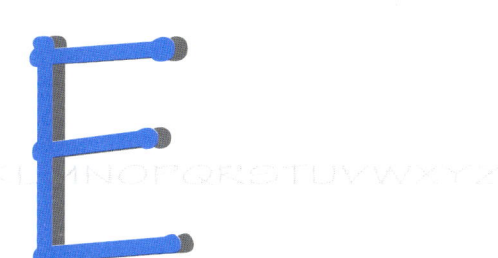

Économique

Le fonctionnement des processus psychiques
dans leur mode d'activité est assimilé aux modèles
énergétiques. Exemple : augmentation et baisse
de tension.

Écoute flottante

L'analyste* ne retient de tout ce qui s'exprime
dans le discours de son patient que la dynamique*
de son désir*.

Écriture (apprentissage de l')

Écrire est un comportement appris sous contrôle
d'un programme moteur, sorte de mémoire*
qui peut être perturbée (dysgraphie). Vers 30 mois,

**Écrire comme
un pied**
Peut-être pas…,
mais on peut aussi
écrire avec son pied
ou avec sa bouche.
La notion de
programme moteur
rend compte de
ce phénomène.

l'enfant est capable de comportements visuo-guidés imitant l'écriture. Vers 5 ans, il est apte à copier correctement les formes qu'on lui présente ou qu'il se représente.

Efférence

Message circulant du système nerveux central vers les muscles. Par exemple, tendre la main vers un objet implique un « ordre » initié au niveau du cortex cérébral et véhiculé jusqu'aux muscles du bras et de la main.

Ego

C'est le mot latin pour « moi ». L'egopsychologie est une conception particulière de la psychanalyse* qui privilégie le moi* et ses mécanismes de défense* sur les pulsions* et le ça*. Il en résulte, selon Jacques Lacan*, une déviation par rapport à la théorie de l'inconscient*.

Émotion

État subjectif particulier d'un sujet vivant de façon intense une situation : joie, peur, etc. On a interprété cet état comme la conscience de modifications d'ordre purement organique (mise en jeu du système orthosympathique). Les structures* de contrôle impliquées sont l'hypothalamus, le système limbique et le cortex cérébral. L'importance d'une dimension cognitive (représentation de la situation) du déclenchement des émotions est aujourd'hui discutée.

Définition
Item est couramment employé comme désignant chacun des éléments d'une série de mots ou de syllabes.

Empan ▲

Limite du nombre d'items* mémorisables après une seule lecture d'une liste de syllabes ou de mots

révélant la capacité de mémorisation immédiate.
Ce nombre varie selon les conditions et les sujets
de 5 à 9.

Empreinte

Phénomène de fixation* primaire sur le premier
objet perçu à la naissance ou dans les premières
heures de la vie chez un oiseau, étudié par Konrad
Lorenz*. Il ne s'agirait pas d'un apprentissage*
proprement dit. Le lien* établi (attachement* chez
les mammifères) avec l'objet, la mère le plus souvent,
déterminerait le choix du partenaire à l'âge adulte.

Enfant (psychologie de l')

On l'appelle aussi « psychologie génétique »
(même si ces deux expressions ne se recouvrent
pas totalement), parce qu'elle s'intéresse au
développement* des facultés psychologiques
de l'être humain. Jean Piaget* et Henri Wallon*
en sont les figures les plus marquantes.

Énoncé, énonciation

Pour la psychanalyse*, l'être humain, lorsqu'il parle,
ne dit pas tout, car il ne le peut pas. Le signifié final
qui est visé dans la recherche du sens n'existe pas.
Il est impossible d'attribuer définitivement
une signification* à un signifiant*. L'énoncé
d'un discours sera considéré comme valable si celui
qui l'énonce a une fonction reconnue socialement.
Par exemple, si un homme prétend que bientôt
ce sera la fin du monde, cette phrase n'aura pas
le même impact si c'est un savant qui la prononce
ou un menuisier. Donc, la validité du discours
s'établit par rapport au sujet de l'énonciation et
non pas seulement par rapport à l'énoncé.

Antinomie
*« Tous les Crétois
sont des menteurs »*,
dit un Crétois. On
ne sort d'une telle
impossibilité
logique qu'en
distinguant le sujet
de l'énonciation et
le sujet de l'énoncé.

Épistémologie ▲

Discipline qui étudie les règles de constitution
du savoir scientifique. Jean Piaget* appelle
« épistémologie génétique » l'étude
du développement*, chez l'enfant, des structures*
et mécanismes en jeu dans la connaissance
(*épistémé*) du monde.

**Connaissance
ou construction ?**
L'emploi du terme
connaissance
semble renvoyer
à l'idée commune
de l'existence
d'un monde qu'il
faut apprendre
à connaître
et à expliquer (objet
de la science).

Ergonomie

Science qui étudie le comportement du sujet
au cours d'un travail. Elle intègre le recueil d'indices
physiologiques, l'étude du contexte physique
(lumière, bruit…) et social, ainsi qu'une analyse
cognitive et comportementale. Son but est
d'améliorer les conditions de vie des travailleurs
(organisation des tâches, adaptation des rythmes*,
des locaux, des tableaux de contrôle, etc.).

**Le problème
de la rentabilité**
Il peut être le
problème majeur
d'un chef
d'entreprise, mais
l'amélioration
de la rentabilité
ne devrait être
qu'une conséquence
indirecte éventuelle
du travail
de l'ergonome.

Ergothérapie

Thérapeutique qui vise à la réadaptation
des malades grâce à des tâches adaptées
à leur état.

États limites

L'organisation limite (*border line*), les troubles limites
de la personnalité*, les personnalités limites sont
des notions équivalentes qui désignent
des pathologies hors du cadre de la névrose*,
de la psychose*. Pour certains auteurs,
cette affection renvoie à une structure* spécifique
et permanente. Le psychiatre* américain
Otto Kernberg souligne que ce type d'organisation
obéit à trois critères structuraux : le sujet a une
perception contradictoire de soi et appauvrie des
autres ; les défenses* sont construites autour du

Non reconnue
La théorie
lacanienne
ne reconnaît pas
cette structure
psychique.
Pour elle, il n'en
existe que trois :
la psychose,
la névrose
et la perversion.

clivage* bon/mauvais (idéalisation, projection*, identification*, dévalorisation) avec maintien de l'épreuve de réalité (distinction soi/non soi, adaptation* sociale) ; les symptômes* de l'état limite sont de type névrotique (phobies*, obsessions*, comportements hystériques) et psychotique (refus de la frustration*, dépendance, sexualité chaotique…).

Ethnopsychiatrie (ou psychiatrie transculturelle, ou psychiatrie comparée)

La question que pose l'ethnopsychiatrie est celle de la détermination de la maladie mentale par les cultures particulières. Doit-on penser que la pathologie mentale a un caractère universel ou bien son émergence, sa nature et son évolution dépendent-elles de la culture particulière du sujet ? Sur ce point, l'accord n'est pas encore fait, mais l'importance du modèle culturel a été vigoureusement soulignée par Margaret Mead (1901-1978).

Éthogramme

Voir Éthologie.

Éthologie

Discipline qui décrit et explique par la biologie (génétique*, physiologie, évolutionnisme) les comportements* animaux et les activités humaines, indépendamment, dans ce dernier cas, d'une référence au langage* verbal. L'éthologie établit, par observation* armée (caméra) et quantifiable, ce que l'on appelle des éthogrammes, représentations graphiques des séquences de comportement.

Infans :
qui ne parle pas
L'étude
des comportements
humains hors
langage n'est
possible que si
on pense que le
langage n'imprègne
pas tous
les comportements
humains…
L'éthologie s'oppose
sur ce point,
par exemple,
à la psychanalyse.

Étiologie

Recherche des causes d'un phénomène,
et plus particulièrement d'une maladie.

Évolution

**Variabilité
interindividuelle**
Les différences
d'adaptabilité
des individus
d'une même
population sont,
pour la théorie
néodarwinienne,
le résultat
des hasards
de la génétique.
La sélection s'exerce
donc sur
des phénomènes
dus au hasard.

Opposées à la théorie créationniste (toutes
les espèces auraient été créées en même temps par
une divinité), les théories de l'évolution (Lamarck,
Darwin*) défendent la conception d'une apparition
progressive des espèces au cours du temps.
L'adaptation* plus ou moins bonne des individus
au milieu et le jeu de la sélection* naturelle
constituent les notions clefs de la théorie
darwinienne. Jean-Baptiste Lamarck (1744-1829),
lui, défendait plutôt l'idée de la transmission
des caractères acquis.
Voir aussi Adaptation.

Expérimentale (méthode)

Dans les sciences dites empiriques, comme
la physique, la biologie ou la psychologie*,
qui touchent au concret, la méthode expérimentale
consiste à faire varier un élément (de la situation,
par exemple) et à quantifier les conséquences
de cette modification sur le comportement de l'objet
ou du sujet étudiés. L'expérience est répétée
plusieurs fois de telle sorte que l'on puisse
généraliser (statistiques inférentielles) la relation
observée. Elle permet ainsi de contrôler
une hypothèse et de construire ce que l'on appelle
la psychologie expérimentale.

Extinction (expérimentale)

Il s'agit du phénomène de disparition d'une réponse
apprise par conditionnement*, disparition

provoquée par la suppression du stimulus*
inconditionné (par exemple la viande que Pavlov*
donnait au chien après lui avoir fait entendre
une sonnerie, qui constitue le stimulus conditionné)
et, plus généralement, de la sanction positive
ou négative.

Extraversion

Caractéristique d'un individu qui s'exprime
facilement et qui entretient des relations avec
le monde extérieur.

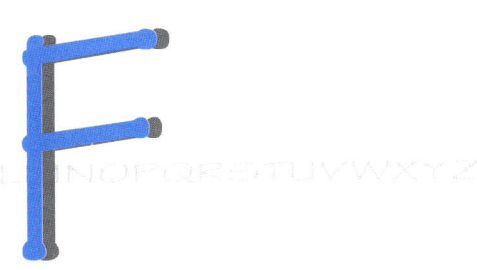

Fantasme ▲

Il existe des fantasmes conscients et inconscients.
Ce sont des histoires, des scènes, etc., créées
de toutes pièces par l'activité imaginaire du sujet,
animées par son désir* conscient ou inconscient.
Sigmund Freud* s'était rendu compte que, parfois,
le discours de ses patients n'était pas fondé sur
des événements réels mais sur leur imaginaire.
Ce constat l'a amené à conclure qu'il existe chez
l'être humain une réalité psychique qui conditionne
l'existence. Certains de ces fantasmes,
lors d'une cure analytique*, peuvent accéder
au conscient ; d'autres sont à jamais refoulés*.
Pour Jacques Lacan*, le fantasme est à situer
comme un carrefour originel qui donne forme
au rapport que le sujet entretient avec la pulsion* ;

il concerne l'objet a* perdu définitivement et
les objets imaginaires qui vont tenter de combler
cette perte. Ce fantasme a pour fonction
de préserver la partie désirante du sujet qui ne peut
être dite car les signifiants*, en tentant
de l'exprimer, l'annuleraient.

Fantôme (membre)

Sensation étrange, chez les amputés, de disposer
toujours du membre qu'ils ont perdu. Cette sensation
est due à la constance du schéma corporel*.

FECHNER (Gustav Theodor)

Né en 1801, mort en 1887, de nationalité
allemande, Fechner est le pionnier de ce que
l'on appelle la psychophysique*. Reliant physique
de la stimulation et psychologie de la sensation,
il a découvert la loi selon laquelle la sensation varie
comme le logarithme de la stimulation. On doit citer
aussi le nom d'Ernst Heinrich Weber (1795-1878),
avec qui Fechner a collaboré. La loi de Weber-
Fechner s'écrit : « S = k log I » (où S = sensation
et I = intensité de la stimulation).

FERENCZI (Sándor)

Psychanalyste* et médecin hongrois (1873-1933),
disciple de Sigmund Freud*. Ferenczi s'opposera
à son maître sur la technique de la cure*
et proposera une nouvelle discipline : la bioanalyse.
Cette discipline prend en compte le passé
phylogénétique de l'homme (le passé « animal »
de l'homme, les formes de la vie étant comme
revécues par l'embryon), dont le monde d'origine
est le milieu intra-utérin (marin) auquel il aspire toute
sa vie.

Fétichisme

Pour la psychanalyse*, à cause du déni*
de l'absence du pénis chez la mère, le désir*
sexuel du sujet va se concentrer sur un objet ou
une partie du corps qui va jouer le rôle du pénis
manquant. Le fétichiste va choisir, par exemple,
le pied, et son investissement* sexuel sera
exclusivement orienté sur cette partie du corps,
sans aucun égard pour le partenaire (personne
dans sa totalité).

Fixation ▲

L'être humain, pendant son développement*
psychique, peut rester fixé à des expériences
de satisfaction personnelle liées à la libido*.
Il existe quatre stades* (oral*, sadique-anal*,
phallique* et génital*) marquant un arrêt
de la libido sur une zone érogène et un mode
de relation d'objet particulier.
Le sujet peut s'attacher à un de ces stades
et en répéter tout au long de sa vie le mécanisme.

Arrêt
La névrose
obsessionnelle
est un exemple
de fixation au
stade anal.

Fœtal (développement)

Les premiers mouvements du fœtus sont enregistrés
lors de la septième semaine.
Ils s'accentuent et se diversifient (15 mouvements
différents) vers 4 mois, où apparaît aussi
le comportement de succion.
À 6 mois, le fœtus présente des cycles réguliers
d'activité et de repos.
D'autre part, il semble que les fonctions sensorielles
soient toutes fonctionnelles avant la naissance,
l'audition et la vision étant les dernières
à apparaître. Le fœtus est donc capable
d'apprentissage*, auditif, par exemple.

Folie

Terme employé aujourd'hui surtout pour désigner une forme de réponse très générale aux conflits familiaux et au poids de l'institution, comme l'a fait le philosophe Michel Foucault (1926-1984) en 1961, dans son ouvrage *Histoire de la folie à l'âge classique*. En psychiatrie*, on utilise parfois le mot pour nommer un trouble précis : par exemple la folie circulaire (psychose maniaco-dépressive*). On emploie plutôt aujourd'hui le terme de psychose*.

Fonctionnalisme ▲

Théorie qui insiste sur le rôle déterminant de l'environnement dans la manifestation des comportements* ou conduites* chez l'animal et chez l'homme. L'environnement joue un rôle* social, culturel, écologique et sélectionne les comportements adaptés.

Fonction paternelle ▲

Voir Complexe d'Œdipe.

Forclusion

Néoréalité
S'il n'y a pas de limite symbolique (castration) chez l'être humain, les mots défilent dans un discours à vau-l'eau (néoréalité).

La fonction du père* est de séparer l'enfant de sa relation fusionnelle avec sa mère. Cette loi première, c'est celle de la castration*, que l'enfant intègre à travers la parole de sa mère, laquelle donne au père sa consistance symbolique*. Si la loi du père est rejetée par l'enfant (« forclusion du Nom-du-père* »), le sujet est privé de toute base symbolique. Il devra affronter un Autre* tout-puissant qui l'utilise comme objet de sa jouissance* : c'est la psychose*. Nous devons le terme de forclusion à Jacques Lacan*.

Formations de l'inconscient

Nous pourrions dire que les formations de l'inconscient sont le bruit que fait le désir* dans le discours du sujet. Ce sont, par exemple :
– les lapsus*, qui expriment une pensée inconsciente ;
– le rêve*, qui accomplit un désir refoulé* ;
– le symptôme*, qui traduit la présence d'un conflit* interne non résolu ;
– l'acte manqué* ou acte involontaire, qui a un sens et réalise un désir, etc.
Ces formations de l'inconscient sont de véritables perturbations dans la vie organisée du sujet.

Forme (*Gestalt*) ▲

Concept central de la *Gestalttheorie* (théorie de la forme). Il s'agit de la dénomination d'une unité de perception qui s'impose spontanément au sujet et qui est structurée en figure et fond.
À cette structuration correspondrait le même type d'organisation nerveuse. Il existe dans notre univers perceptif des « bonnes » formes (stables) et des formes ambiguës où figure et fond peuvent alterner hors de tout effort volontaire.
Voir aussi Köhler (Wolfgang).

Esclave de la forme
La perception est soumise à la structure des formes ambiguës. L'associationnisme, qui considère que toute perception est une association de sensations élémentaires, est impuissant à expliquer ce phénomène.

Freud (Sigmund)

Neurologue autrichien (1856-1939), il est l'inventeur de la psychanalyse*.
Ses idées sont révolutionnaires : son expérience clinique le conduit à affirmer que les maladies mentales sont provoquées par des conjonctures sexuelles. La sexualité est à entendre dans le sens d'une « procédure », c'est-à-dire d'une manière de faire, de s'arranger tant bien que mal de

Qui « parle » à qui ?
Les danses ne sont
pas des mots.
Il s'agit de
comportements de
communication qui
ne se produisent
qu'entre
une butineuse et
des abeilles qui
la suivent. Jamais
le message ne se
transmet ensuite
d'abeille à abeille
à l'intérieur
de la ruche.

Rebelles
à la frustration
La frustration peut
être engendrée par
une diminution
de la quantité
de récompense lors
d'un apprentissage
(déception). Dans
ce cas, un grand
nombre d'espèces,
mais pas
les poissons,
par exemple,
présentent
une détérioration
de leurs
performances.

la condition humaine, qui est le produit
d'une alliance entre l'organisme vivant voué
à la mort* et le langage*.

FRISCH (Karl von)

Éthologiste autrichien (1886-1982), Prix Nobel
de médecine en 1973 pour ses travaux sur le
langage dansé des abeilles.

Frustration

En psychologie* et en éthologie*, sentiment
déterminé par l'absence ou la disparition
d'un événement souhaité, mérité, etc. Il peut
entraîner de la tristesse ou de l'agressivité*.

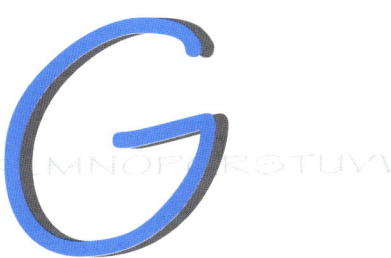

GALTON (Francis)

Chercheur anglais (1822-1911), initiateur de la technique des tests. Il a établi plusieurs méthodes statistiques et insisté sur le déterminisme génétique* des comportements* (les gènes joueraient un rôle primordial dans la production de nos conduites), cela au risque de l'eugénisme (procréation permise uniquement aux individus les « meilleurs »).

Gaucher

Qualifie un sujet dont la latéralité corporelle est inversée par rapport à un droitier : ainsi son œil directeur est l'œil gauche et il utilise préférentiellement la main gauche…

Une aberration
Chez un gaucher, le plus souvent, l'hémisphère droit est dominant pour l'activité motrice. Obliger un gaucher à écrire de la main droite est donc une aberration analogue à celle qui consisterait à forcer un enfant droitier à se servir de sa main gauche pour écrire.

Génétique (du comportement) ▲

Science qui étudie la relation entre gènes et traits de comportement (émotivité, activité…) ou fonctions psychologiques, y compris dans leur dimension pathologique. Elle repose sur la prise en compte des variations ou des différences de situation et de patrimoine génétique. Chez l'homme, la technique de comparaison de jumeaux* monozygotes (vrais jumeaux) élevés ensemble ou dans des familles différentes est la plus utilisée.

Génital (stade)

Ce stade* consécutif à la « castration* » devrait, à la suite du stade phallique*, conduire le sujet à rassembler toutes ses pulsions* partielles sur la zone génitale et à pouvoir, dans l'avenir, concilier désir* et amour, ce qui n'est pas si évident pour l'être humain ! C'est la période de latence*, soit une période d'accalmie pour l'enfant (la sexualité infantile* est refoulée*), qui intègre peu à peu les normes propres à sa culture. Ce dure dure de l'âge de 5 ans jusqu'à la puberté*.

Gérontologie

Science qui étudie comment les comportements et les facultés psychologiques se modifient avec le vieillissement*.

Gestaltisme ▲

Voir Forme (*Gestalt*).

GIBSON (James Jerome)

Psychologue* américain (1904-1979) spécialiste de la perception, dont il renouvelle l'approche en montrant, particulièrement, la relation étroite qui existe entre l'activité comportementale (marcher, courir, etc.) et les perceptions. Ce que nous voyons dans le monde, ce sont nos possibilités d'action (notion d'*affordance**).

Graphologie

Art qui consiste à caractériser la personnalité* d'un sujet à partir d'une étude de son écriture*.

Grasping reflex

Réflexe d'agrippement archaïque du bébé, qui lui fait serrer la main quand on touche sa paume avec un objet. Ce réflexe disparaît durant la suite du développement.

Groupe (thérapie de)

Pratique de la psychologie sociale* et de la psychanalyse* de groupe. En présence d'un animateur ou d'un clinicien, il s'agit d'utiliser directement la parole ou bien de se servir d'une médiation (activités diverses, artistiques, par exemple) pour permettre aux membres du groupe de travailler le lien social* (leur rapport aux autres) ou leurs identifications* (leur imaginaire) et leur investissement* pulsionnel.

Guidance (infantile)

Centre de soins visant à améliorer les réactions affectives et sociales des enfants par des traitements pluridisciplinaires (médicaux, psychologiques, psychanalytiques).

Le comportement qu'un objet implique
Une pomme est un « objet-à-manger », mais non un ballon, qui, lui, est perçu en fonction des coups de pied qu'il « appelle » (*to afford*).

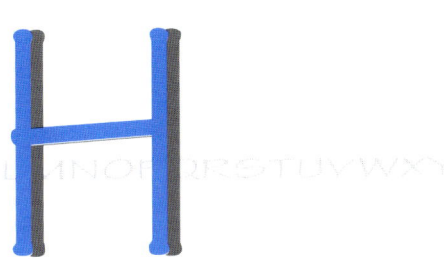

Habituation

Disparition progressive d'une réaction initiée par
un stimulus* du seul fait de la répétition de celui-ci.
On emploie aussi le terme français d'accoutumance*.
Par exemple, le psychologue* français Henri Piéron
(1881-1964) a étudié l'habituation de la réaction
scioptique (réaction au passage d'une ombre)
d'un gastéropode, la limnée (mollusque
gastéropode d'eau douce).

Haine

La haine est un sentiment humain dirigé contre tout
(et/ou tous), ce qui va empêcher la satisfaction et
apporter des désagréments. Pour Sigmund Freud*,

Sensibilisation
Dans le
vocabulaire du
conditionnement,
c'est exactement
l'inverse de
l'habituation,
à savoir l'apparition
d'une réponse.

elle a une dimension symbolique* dans la mesure
où elle conduit à haïr un père* castrateur mais
organisateur psychique. La haine est souvent
imaginaire*, car le sujet, sans raisons véritables,
suppose à l'autre* (son semblable) une jouissance*
que lui ne possède pas. C'est la haine jalouse dont
parle Jacques Lacan*. Elle renvoie à l'incomplétude
structurale du sujet et à son refus d'y consentir.
Voir aussi Complexe d'Œdipe.

Hallucination

Perception, à laquelle le sujet accorde foi,
d'un objet inexistant. Elle ne peut s'expliquer que
par une projection* (pathologique le plus souvent)
dans l'espace extérieur d'une image* purement
mentale. Dans la PHC (psychose hallucinatoire
chronique*), de nombreuses hallucinations visuelles,
olfactives, cénesthésiques (douleurs* inexpliquées),
sensuelles, gustatives s'imposent au sujet.

Handicap (mental)

Atteinte de l'intégrité intellectuelle et des possibilités
d'un sujet réduisant son rôle* social.

Hérédité

C'est le fait que des caractères des parents se
retrouvent dans la progéniture. On peut distinguer
le niveau de l'hérédité spécifique (deux individus
d'une même espèce donnent naissance à un jeune
de la même espèce) et l'hérédité des caractères
ou des traits individuels (ressemblance avec l'un
des parents, par exemple). Tous les traits
susceptibles d'être hérités (notion d'héritabilité)
ne se transmettent pas (du fait des mécanismes
génétiques*) ou ne se manifestent pas (du fait

du rôle des facteurs du milieu). On peut citer,
pour ce dernier cas, l'arriération* dite
« phénylcétonurique », qui peut être évitée grâce
à un régime alimentaire pauvre en phénylalanine
(un acide aminé).

Holding

Pour le psychanalyste* britannique Donald Woods
Winnicott, le *holding* traduit la manière dont
la mère, par sa présence, ses gestes, apporte à
son enfant une sécurité psychique et physique
suffisante contre les angoisses*. C'est ce qui va
l'aider dans son développement* à construire
un moi* fort.

Homéostasie

Maintien à l'équilibre du milieu interne
d'un organisme.

Homosexualité

L'individu est attiré sexuellement et/ou
amoureusement vers un autre individu du même
sexe que lui. L'homosexualité est un phénomène
qui étaye la thèse que le sexe anatomique
n'a pas d'influence sur la position sexuelle,
qui reste purement subjective.

Horde primitive

C'est un mythe que Sigmund Freud* utilise
pour expliquer les positions psychiques immuables
de l'être humain.

Horloge (biologique)

Mécanisme physiologique qui régit les rythmes*
des êtres vivants.

Lire
Totem et tabou
(1912-1913),
de Sigmund Freud.

**La localisation
cérébrale
des horloges**
On recherche
actuellement
les structures
nerveuses qui
seraient à l'origine
de ces rythmicités.
On pense que
l'hypothalamus,
et plus précisément
les noyaux
suprachiasmatiques,
sont concernés.

Hormone

Élément chimique produit par des organes
particuliers, les glandes, qui agissent sur d'autres
organes et sur quasiment toutes les fonctions
physiologiques et les comportements.
Sous contrôle du système nerveux central,
elles jouent un rôle clef dans la croissance,
la maturation* sexuelle, les manifestations
végétatives, etc.
Voir aussi Neuroendocrinologie.

Hospitalisme

Bébés singes aussi
Les phénomènes
d'hospitalisme ou
des réactions leur
ressemblant ont été
mis en évidence
chez des petits
singes privés de
mère et de soigneur.
Les nourrir
seulement n'est pas
suffisant pour
permettre un
développement
normal.

Ensemble de symptômes* dépressifs qui
se produisent quand le bébé est privé
de façon précoce de stimulations et subit
une carence affective.
Ce sont les travaux du psychanalyste* américain
René Arpad Spitz* qui ont souligné
les effets néfastes, pour les enfants hospitalisés
(du nourrisson à 2 ans), de l'absence d'affection
maternelle. Le développement* de l'enfant
(croissance, équilibre psychique) est très
sérieusement altéré et peut le mener jusqu'au
désintérêt total du monde et à la mort*.

Hull (Clark Leonard)

Psychologue* américain (1884-1952). Il a étudié
l'apprentissage* chez l'animal en utilisant
la méthode expérimentale* telle qu'il la concevait.
Il propose, en effet, d'y appliquer le raisonnement
hypothético-déductif* des sciences dites formelles
(logique, mathématiques) : c'est-à-dire de déduire
de postulats des propositions à soumettre au verdict
de l'expérimentation. Il fonde ainsi le recours
aux notions de pulsion*, d'habitude, etc.

Hypnose

État très particulier de conscience, produit
par suggestion, qui soumet le sujet à l'hypnotiseur.
L'hypnose a été un temps utilisée par
Sigmund Freud*.

Hypocondrie

C'est une anxiété* pathologique concernant l'état
et le fonctionnement de l'organisme. Le sujet se croit
atteint de maladies.

Hystérie

C'est une affection névrotique qui traduit
des conflits* inconscients. Ces conflits sont produits
par un mécanisme de défense* appelé
le refoulement* et qui consiste à nier une
représentation* sexuelle inacceptable pour le sujet.
Mais l'affect* contenu dans la représentation
interdite doit pouvoir s'écouler : cette énergie se
convertit en souffrance corporelle. Le corps prend
une signification symbolique*.

**Symptôme
de conversion**
Le conflit psychique
est déplacé sur
un organe du corps,
entraînant
des symptômes qui
mettent en échec
la médecine.

Idéal du moi

Le moi* aspire à un idéal, il en « rêve ». Ce sont
les images glorieuses que l'enfant a prélevées sur
ses parents qui créent l'instance psychique de l'idéal
du moi. Cette instance est plus tempérée dans
ses exigences que le surmoi*. Elle procure au sujet
une exaltation qui le pousse à aller de l'avant.

Identification

En psychologie cognitive*, activité intellectuelle*
qui consiste à reconnaître les traits individuels
d'une réalité quelconque ou à situer un objet ou
un événement particulier dans une classe ou
catégorie qui l'englobe (identité* catégorielle).
Pour Sigmund Freud*, l'identification est
le processus par lequel l'individu se construit :
il prélève sur l'autre* (son semblable) des traits

La taxonomie
Dans les sciences
dites naturelles,
on s'appuie sur
la classification
systématique
des espèces,
ou taxonomie,
pour situer chaque
individu au sein
d'une espèce,
d'un genre…

qu'il s'approprie. Les éléments prélevés sont choisis en fonction d'un mécanisme inconscient relatif à l'histoire personnelle du sujet. Pour Jacques Lacan*, le premier phénomène identificatoire se manifeste lors du stade du miroir*. C'est dans l'autre que le sujet s'éprouve et se repère. La réponse sur soi que l'individu cherche ne peut pas passer par le langage*, il devra tenter de la repérer dans des marques appartenant aux autres et auxquelles il va s'identifier. Jacques Lacan dira que le moi* du sujet est le lieu de toutes les identifications. Ces images dérobées aux autres donnent l'illusion* de combler le manque*. Ce sont des idéaux qui conduisent le sujet à se méconnaître.

Identité (sexuelle)

Contradiction vécue
Chez le transsexuel, par exemple, les identités sexuelle et psychologique sont en contradiction.

Cas particulier de l'identité ou identification* catégorielle qui concerne le sexe. L'identité sexuelle dite biologique se double, le plus souvent, de la même identité psychologique.

Identité (sociale)

L'identité sociale se définit par la place que nous occupons dans la société, c'est-à-dire par notre appartenance à des groupes, qu'ils soient socioprofessionnels, religieux, ethniques, etc., qui conditionnent les rôles que nous assumons. La psychologie sociale* étudie particulièrement le lien qui existe entre notre identité sociale et nos représentations*.

Illusion

Perception déviante par rapport à la réalité physico-géométrique du stimulus*. Les illusions ont été très étudiées par les psychologues* (Jean Piaget*, par exemple), parce qu'elles mettent en évidence une véritable activité du sujet dans la conduite perceptive. Certaines illusions sont permanentes, d'autres varient avec l'âge. Une des illusions optico-géométriques les plus connues est l'illusion de Müller-Lyer : deux lignes droites parallèles sont vues courbes à l'endroit où elles sont coupées par plusieurs lignes rayonnantes.

Image (mentale)

Un souvenir peut nous venir à l'esprit sous la forme d'une image mentale, qui peut d'ailleurs être très différente de ce que nous avions perçu (images perceptives) à l'époque. Il s'agit d'une des formes de la représentation* des caractères d'un objet en l'absence de ce dernier. Elle apparaîtrait chez l'enfant vers 18 mois avec, à cet âge, un caractère analogique marqué et une dimension purement statique, sans modification possible. Avec le développement de l'activité motrice et locomotrice, l'image devient progressivement plus souple et susceptible de transformation. Les images mentales peuvent être très semblables à des images perceptives ou s'en éloigner considérablement.

Imaginer et imiter
Pour Jean Piaget, l'image mentale est une sorte d'imitation différée.

Imaginaire ▲

En psychologie*, monde construit par des images* mentales qui sont plus ou moins éloignées de la réalité. On parle de l'imaginaire de l'enfant, par exemple. En psychanalyse*, l'imaginaire fait partie des trois instances introduites par Jacques Lacan* pour représenter la structure* du sujet. Le registre de l'imaginaire fait référence à l'aliénation* du sujet dans l'image de soi et renvoie au phénomène des identifications*.

Le stade du miroir* démontre que l'enfant ne prend conscience de lui-même que dans son image inversée que lui renvoie le miroir. Cette image va devenir le témoin de son existence et il va s'aliéner à elle. L'être humain se construit par des identifications à des traits qui ne lui appartiennent pas mais qu'il prélève sur ses semblables (il en construit son moi*). Il croit se connaître, mais il se leurre. Le travail de la cure analytique* consiste à conduire le sujet à sortir de cet imaginaire par la reconnaissance des identifications comme étant étrangères à lui.

Imago

Un effet physique
Jacques Lacan illustre ce pouvoir de l'imago en se référant au comportement de l'animal : une pigeonne vivant seule peut pondre si elle voit son reflet dans un miroir.

Ce terme traduit un souvenir imaginaire* élaboré par l'enfant et qui a trait à une relation avec son entourage. Cette imago, gravée dans l'inconscient* du sujet, influence ses sentiments et ses comportements. L'imago peut être totalement fausse : c'est l'exemple d'une mère perçue par l'enfant comme cruelle alors qu'elle n'est qu'indifférente.

Imitation

Un sourire s'efface pour un autre
Les premiers sourires des nouveau-nés ne sont que des réflexes avant de devenir, lors du deuxième mois, un élément de la communication avec la mère.

Phénomène dont on se demande actuellement s'il existe chez les animaux et qui semble exister chez l'enfant dès la naissance (tirer la langue quand on le fait devant lui) ; mais ce type de comportement disparaît vers 3 mois. Pour Jean Piaget*, l'imitation proprement dite ne se produirait pas avant la deuxième année. Elle résulte aussi de l'imitation de l'enfant par l'adulte lui-même. Il s'agit, en fait, d'un moyen très important de socialisation* (avec le sourire).

Immersion

Technique propre aux thérapies comportementales*
appliquée en cas de phobie*. Reposant sur l'idée
que l'objet de la phobie est le fruit
d'un conditionnement*, la thérapie consiste
à confronter le sujet (en réalité ou en imagination) à
cet objet jusqu'à obtenir un « déconditionnement ».

Impuissance

Incapacité à accomplir l'acte sexuel. L'impuissance
peut avoir des causes organiques ou résulter de
l'usage de médicaments. Elle peut aussi être due
à des phénomènes psychologiques (anxiété*).
Elle est alors traitée par des méthodes de thérapie
comportementale* ou par la cure analytique*.
Voir aussi Désensibilisation.

Aux Marquises !
Dans les sociétés
où l'acte sexuel
est « naturel »,
l'impuissance
n'existe pas.

Inceste

Accomplissement de l'acte sexuel avec un membre
de sa famille proche (son père et sa mère surtout).
On considère la prohibition de l'inceste comme
la loi fondatrice de l'humanité.
Pour la psychanalyse*, le désir* incestueux existe
chez l'enfant, qui subit une « castration* » du fait
de l'interdiction qu'il subit.

Inconscient ▲

C'est le langage* qui crée l'inconscient. L'enfant,
avant d'accéder au langage qui s'impose à l'être
humain, crée, à sa façon, son propre langage.
Ce sont des signifiants* simples, phonèmes,
onomatopées, etc.
Ces signifiants tissent le monde intime de l'enfant,
son vécu personnel et ses investissements*
pulsionnels. Ces signifiants singuliers ne peuvent pas

Un retour
La cure analytique
ramène finalement
l'individu à
une partie oubliée
de lui-même.

accéder au langage conscient*, qui possède
des lois propres, effectives et déterminantes
pour tous les êtres humains.
Alors, ce langage particulier reste vivant et présent
durant toute la vie du sujet. Il insiste pour être
reconnu, émerge au niveau conscient de façon
métaphorique, au travers du symptôme*, par
exemple, qui est une métaphore* symbolisant,
au niveau du corps ou du psychisme*, un signifiant
inconscient.

Induction

Opération qui consiste à étendre à une proposition
générale des énoncés particuliers. Les statistiques
permettent d'utiliser ce type de raisonnement avec
un risque d'erreur contrôlé (seuil de probabilité).
Les instituts de sondages, par exemple, généralisent
(avec des risques d'erreurs) à toute la population
les données obtenues sur un nombre relativement
faible d'individus.

**Trop connu
pour être exact…**
« *Tous les hommes
sont mortels, Socrate
est un homme, donc
Socrate est mortel.* »
Cela est clair, mais
Socrate est déjà
inclus dans
la première
proposition (« *Tous
les hommes* »).

Inférence

Terme générique recouvrant les opérations
de raisonnement à l'œuvre, par exemple, dans
le syllogisme.

Infériorité (complexe d')

Sentiment de souffrance lié à la comparaison
(imaginaire* le plus souvent) que l'on établit avec
les autres. Il peut en résulter, en réaction,
des mécanismes de défense* qui semblent indiquer
une très haute opinion* de soi-même.
Pour Alfred Adler*, c'est ce complexe d'infériorité
qui détermine la vie psychique, et non la libido*
(comme le pense Sigmund Freud*).

Influence (sociale)

Phénomène très étudié par la psychologie sociale*.
Est influent un individu qui, par sa présence,
ses dires, ses actions, modifie les comportements*
et les idées de son entourage. Il fait autorité*,
est obéi.

L'influence est un moyen d'exercer un pouvoir
plus ou moins masqué. Elle peut jouer par
imitation*, contagion, comparaison
et recherche d'une norme dans un but
de conformité, mais elle peut aussi susciter
une opposition, une « réactance ».

Ouvrage clef
Le psychologue
Serge Moscovici a
particulièrement
bien montré
l'influence
inconsciente de la
minorité sur la
majorité
(*Psychologie des
minorités actives*,
1979).

Infraliminaire

Sensation si brève qu'elle n'est pas perçue
consciemment par le sujet. Ce phénomène pourrait
constituer un procédé de manipulation et de
suggestion (images publicitaires infraliminaires,
par exemple).

Inhibition

Dans le vocabulaire des travaux sur
le conditionnement*, l'inhibition d'une réponse
acquise (comme la salivation du chien de Pavlov*
au son de la cloche annonçant un morceau
de viande) peut se produire de deux manières :
par extinction* expérimentale (inhibition interne),
par administration d'un stimulus* parasite
(inhibition externe).

Plus généralement, l'inhibition est un processus qui,
avec l'excitation, constitue un des modes de
fonctionnement du cerveau. D'autre part, on parle
d'individu inhibé quand ses manifestations verbales
et ses comportements restent moins fréquents
qu'il n'est normal.

Tous les possibles
Ivan Petrovitch
Pavlov a étudié les
différents processus
d'excitation et
d'inhibition et leurs
combinaisons.

Inné

Caractère d'un comportement* qui n'a pas besoin d'être produit plusieurs fois pour se manifester d'une façon parfaite.

Pour l'entomologiste français Henri Fabre (1823-1915), le comportement des insectes est inné. L'innéité qualifie, pour lui, l'activité instinctive des animaux (fixe et immuable).

On parle, en ce sens, de réactions innées chez l'homme, mais il s'agit surtout des réflexes dits archaïques, comme le *grasping reflex**.

Instinct

Produit
Gènes et milieu produisent le comportement exactement comme la largeur et la longueur d'un rectangle produisent sa surface.

On invoque l'instinct pour expliquer l'apparition de conduites qui se produisent sans apprentissage* individuel préalable. Il s'agit donc de comportements préprogrammés dans le cerveau et dont le déterminisme est génétique*.

Jacques Lacan* parle, en ce sens, d'un savoir qui n'a pas besoin d'être appris.

Chez l'animal, en dépit des travaux de Konrad Lorenz*, l'opinion actuelle relativise la conception d'un déterminisme purement génétique des réponses instinctives et considère que tout comportement est, en fait, le résultat d'une interaction entre les gènes et le milieu.

Intelligence

Terme générique qui recouvre, sans aucun doute, une pluralité de fonctions intellectuelles, comme la mémoire*, l'attention* sélective, etc.

Pour Jean Piaget*, intelligence est synonyme d'activités intellectuelles*. L'intelligence se distingue de l'apprentissage* par le fait que le sujet ne tâtonne pas pour résoudre un problème. Il n'a pas

besoin de découvrir, étape par étape, la solution.
On situe ainsi l'acte intelligent comme un acte
de compréhension soudaine.
C'est aussi le fait de savoir effectuer un détour
pour arriver au but, que ce détour soit
comportemental (détour de locomotion chez
les animaux) ou purement abstrait, et il consiste
alors à se détourner des évidences qui conduiraient
dans une impasse.
On peut aussi définir l'intelligence comme la faculté
d'être conscient de toutes les solutions possibles
d'une situation et de raisonner juste à partir
de chacune de ces possibilités (raisonnement
hypothético-déductif*). En psychométrie*, la mesure
de l'intelligence est réalisée grâce à des tests
comme le Binet*-Simon ou le Wechsler*.

Intentionnalité ▲

C'est le fait d'avoir une intention, de viser un but,
de poursuivre un projet. En phénoménologie,
l'intentionnalité de la conscience* renvoie à l'idée
que toute conscience est conscience « de »
quelque chose.

À propos de
L'intentionnalité
caractérise le fait
d'être « à propos
de ». Un article peut
être « à propos »
du Kosovo, mais
le Kosovo ne peut
pas être « à propos »
d'autre chose.

Interprétation

Lors du travail analytique, le patient apporte
un matériel essentiellement verbal, un « dire »
qui dépend des changements de l'imaginaire*.
L'analyste* va repérer, dans ce discours,
les éléments essentiels, les indicateurs de
signalisation imposés par la dynamique* du désir*.
L'interprétation analytique se construit sur
l'association libre* à partir de ces données et, en
ce sens, donne un éclairage au sujet qui est
prisonnier de ses identifications* imaginaires.

Introjection

Un mauvais plan
Cette appropriation
d'objets introjectés
conduit le sujet
à s'épuiser dans
une activité
de sélection.

L'introjection est un procédé psychique qui consiste, dans un registre fantasmatique, à s'arroger les propriétés d'objets extérieurs. Le mécanisme de l'identification* y est principalement intéressé. Pour la psychanalyste* Melanie Klein*, l'introjection traduit la nécessité pour l'enfant de s'approprier de façon fantasmatique les « bons objets ».

Introspection

Recherche qu'un sujet effectue sur lui-même concernant la nature et le contenu de ses raisonnements, idées, sentiments, états de conscience*. La méthode introspective est critiquée par les psychologues* expérimentalistes parce que subjective.

Introverti

Extraversion
Carl Gustav Jung
a utilisé les termes
d'extraversion
et d'introversion
en les liant
à l'hystérie
et à la mélancolie.

Caractérise un sujet qui, replié sur lui-même, n'exprime que très peu ce qu'il ressent ou pense.

Investissement

Mécanisme par lequel l'énergie pulsionnelle se déplace et investit une représentation*. Les mécanismes de défense* atténuent ces investissements, c'est-à-dire les désirs*. L'être humain investit des objets, des personnes, des parties du corps, le corps propre, etc.

Isolation

En psychanalyse*, l'isolation est un mécanisme de défense* qui consiste à séparer une représentation* de l'affect* qui l'investit. Par ce mécanisme, la représentation* peut rester dans l'inconscient*, car elle n'est plus considérée comme dangereuse ni comme compromettante pour le sujet. Ce mécanisme se retrouve dans la névrose obsessionnelle*.

Item ▲

On désigne par item soit une question d'un test, soit un des actes faisant partie du répertoire comportemental d'une espèce animale mis au point par l'éthologiste (par exemple, pour les chevaux, « ruer », « se cabrer », « galoper », etc.).
Voir aussi Empan.

JANET (Pierre)

Psychiatre* et psychologue* français (1859-1947).
Ses travaux, dans le domaine de
la psychopathologie*, montrent les problèmes
que pose la conjonction du vécu présent et
des souvenirs. Des manifestations pathologiques,
allant des hallucinations* aux changements
de personnalité*, peuvent en résulter. Le traitement
de ces troubles est d'ordre psychologique :
par exemple, le rappel d'un souvenir traumatisant
a un effet cathartique* (de purification). Pierre Janet,
par la minutie de ses observations* cliniques,
a beaucoup apporté à la psychiatrie* française.

**L'œuvre
de Pierre Janet**
On peut lire
*L'Automatisme
psychologique*
(1889)
ou *De l'angoisse
à l'extase*
(1927-1928).

Jeu

Le jeu est une activité libre dont les buts sortent du cadre de ceux que visent les comportements* qui répondent aux besoins* organiques.
On le rencontre chez de nombreuses espèces animales, mais surtout chez les oiseaux (corvidés) et les mammifères (canidés, félidés…).
Chez l'enfant, le jeu évolue avec l'âge, depuis les « jeux d'exercice », où le plaisir* est tiré de l'activité motrice et locomotrice, jusqu'aux « jeux symboliques* », où la fiction permet de liquider des tensions (aspects pulsionnels) et de faire l'épreuve d'un changement de rôle* ou de statut* (socialisation*).

Jouissance ▲

L'au-delà !
En 1922,
Sigmund Freud
a publié *Au-delà du principe de plaisir* :
les effets du plaisir
et du déplaisir sont
surpassés par
le « souhait
de mort ».

Le concept de jouissance, tel que nous le devons à Jacques Lacan*, traduit ce qui, chez l'être humain, est le plus spécifique. La conception d'une pensée rationnelle au service de la volonté humaine est par là mise en doute. La jouissance sous-entend l'existence d'un « au-delà du principe de plaisir* » vers lequel l'homme tendrait.
C'est l'erreur, la répétition* nocive dans lesquelles l'individu se complaît, même s'il en souffre.
Elle met en échec la médecine et elle ne se laisse pas réduire. Elle a pour but de satisfaire la pulsion de mort*. Il existerait donc, chez les humains, une motivation* irrationnelle, un au-delà du sens qui donne un goût fade à la satisfaction et un goût d'incertitude au sens. Ce vide, chacun de nous le subjective différemment. Il est en rapport avec la question du sexe et de la mort*.
Une citation tirée d'un ouvrage de l'écrivain suédois Stig Dagerman (1923-1954) peut nous aider

à mieux comprendre : « *Un enfant qui s'est brûlé ne craint pas le feu. Il est attiré vers le feu comme un papillon vers la lumière. Il sait que, s'il s'approche, il se brûlera de nouveau. Et pourtant il s'approche.* »

Jumeaux

Les jumeaux peuvent être « vrais » (monozygotes), c'est-à-dire issus d'un même œuf, ou « faux » (dizygotes), c'est-à-dire issus de deux ovules fécondés en même temps par deux spermatozoïdes. La gémellité vraie se caractérise par des liens extrêmement étroits et durables entre les frères élevés ensemble, qui font que souvent leur individuation est source de difficultés.

Jung (Carl Gustav)

Psychiatre* suisse (1875-1961), confrère de Sigmund Freud* et premier président de l'Association psychanalytique internationale. Jung se démarque, vers 1912, des théories de Freud par la considération d'une énergie vitale plus large que la libido* sexuelle et par la proposition de l'existence d'un inconscient* collectif chargé de thèmes communs à l'humanité : les archétypes révélés dans les rêves du sujet et dont chacun doit prendre conscience* au cours de la thérapie (psychologie analytique).

Kinesthésie

Ensemble de sensations permettant la perception des mouvements et de la position des différents segments du corps.

KLEIN (Melanie)

Psychanalyste* anglaise d'origine autrichienne (1882-1960). Elle s'installe à Londres en 1927, où elle se spécialise dans la psychanalyse*

La condition
Melanie Klein
souligne
l'importance
des mécanismes
de projection
et d'introjection
dans le processus
d'identification..

des enfants. Sa théorie inaugure une conception singulière du psychisme* infantile. Elle fait l'hypothèse d'un moi* présent dès la naissance qui, pour se protéger du conflit* pulsionnel, expulse à l'extérieur la pulsion de mort*.

Le moi se clive en deux parties : une partie libidinale et une partie destructrice. La relation de l'enfant aux objets, par exemple le sein, sera conditionnée par ce mécanisme qui crée la partition mauvais objet / bon objet.

KOFFKA (Kurt)

Voir Köhler (Wolfgang).

KÖHLER (Wolfgang)

Né en Allemagne en 1887 et mort aux États-Unis en 1967, il est le fondateur, avec Kurt Koffka (1886-1941) et Max Wertheimer (1880-1943), de la *Gestalttheorie*, ou psychologie de la forme*. Il a étudié l'intelligence* chez les animaux (réorganisation perceptive brutale, ou *insight*) et particulièrement l'utilisation des outils par des chimpanzés captifs.

KORSAKOFF (syndrome de)

Ce syndrome se rencontre dans des cas d'alcoolisme* et certaines carences : il associe trouble névritique (d'une atrophie musculaire légère à une paraplégie ou une quadriplégie…)

Amnésie
rétrograde
Elle joue en sens
inverse de l'amnésie
antérograde :
c'est l'oubli de
ce qui a été vécu

et trouble de la mémoire* (amnésie* antérograde ou « oubli* à mesure »).

Les sujets sont euphoriques et fabulateurs, parfois délirants, pour suppléer l'absence de souvenirs. Ces troubles peuvent disparaître (sujets jeunes) ou devenir chroniques. Une forme aiguë (psychose*

aiguë de Korsakoff) peut, dans la moitié des cas
environ, évoluer dramatiquement et de façon très
rapide (une à six semaines).

LACAN (Jacques-Marie)

Une bonne partie des termes de la psychanalyse*
définis dans ce dictionnaire sont l'héritage
de Jacques Lacan (1901-1981). Il étudie à Paris
la médecine et la psychiatrie* et s'intéresse aussi
à la philosophie, à la linguistique, à la logique et à
l'art (surréalisme). Sa thèse (1932) rompt avec
les conceptions de la psychiatrie française de
la paranoïa*, considérée alors comme une simple
exacerbation du caractère paranoïaque. Ce travail
l'orientera vers la psychanalyse. Il établira que
la pratique de la psychanalyse ne peut que révéler
l'emprise du langage* sur l'être humain et ses effets
de « dénaturation ».

Nature ou culture
Lacan démontre
tout au long de son
enseignement que
l'être humain n'est
qu'un « parlêtre ».

Langage ▲

Le langage, qu'il soit verbal ou gestuel, est, chez l'homme et chez certains animaux (abeilles, oiseaux, singes…), un outil permettant la communication* entre les individus partageant le même code. Là s'arrête l'analogie entre l'homme et l'animal. Le « langage » des animaux est, en effet, propre à une espèce et non à des groupes, même si on a parlé de « dialecte » des oiseaux. D'autre part, la double articulation, les relations grammaticales des signes*, la structure* interne du signe linguistique en signifiant* et signifié n'ont pas d'équivalent chez les animaux. Le langage humain est un outil de pensée, de réflexion et non un simple moyen de communication. De plus, pour Jacques Lacan*, les signifiants ont une articulation qui leur est propre et ont un lien étroit avec l'inconscient*.

Se manifester
Une partie du sujet que ce dernier ne connaît pas ou ne veut pas connaître donne des signes de son existence, apparaît au grand jour sans aucun égard pour les règles civiles.

Lapsus

Erreur que l'on commet dans le langage* ou dans l'écriture et qui consiste à employer un mot à la place d'un autre, sans relation première avec la phrase écrite ou prononcée. Le lapsus est une manifestation de l'inconscient*. Dans une cure analytique*, le psychanalyste* est attentif à ce genre de manifestation qui exprime un désir* qui échappe à la censure*.

Latence (période de)

Pour la psychanalyse*, cette période chez l'enfant correspond au moment d'accalmie pulsionnelle (temps du refoulement*), après le passage du complexe d'Œdipe*. L'enfant rentre peu à peu dans les règles qui régissent sa culture, apprend à se socialiser en s'identifiant à des idéaux parentaux. Cette période va de l'âge de 5 ans à la puberté*.

Latéralisation

La dominance* d'un des deux hémisphères cérébraux sur l'autre se traduit par une différence dans la répartition des fonctions psychologiques. En conséquence, on note une dissymétrie dans l'usage de la partie droite et de la partie gauche des organes ou des membres pairs : le droitier a l'œil droit directeur, il se sert de la main droite, etc.

Leadership

Fonction de direction exercée par le leader, le meneur, sur les efforts d'un groupe pour atteindre un but, pour réaliser une tâche. Dans le cadre de la psychologie sociale*, Serge Moscovici a décrit les caractères du comportement du leader, avec, entre autres, le refus d'accepter un compromis sur les points majeurs de la discussion avec le reste du groupe.

LEWIN (Kurt)

Psychologue* social américain, né en Allemagne (1890-1947). Il a surtout étudié le comportement du groupe en utilisant des notions héritées de la physique (champ, force…) et de la topologie (une des approches mathématiques de l'espace) : ainsi, le « champ » d'un groupe est composé de « forces » antagonistes (l'immobilisme contre la révolution). Son évolution éventuelle se heurte aux normes collectives. La modification de ces normes est possible dans les réunions de groupe grâce à ce que l'on appelle une « recherche-action ».

Libido

C'est l'énergie de la pulsion* sexuelle responsable
de l'excitation sexuelle psychique.

Libre association

L'autonomie
L'analysant, grâce
au dispositif
analytique, peut
disposer librement
de lui-même.
Il s'affranchit de
la crainte du regard
de l'Autre ainsi que
de toute demande
de reconnaissance.

L'association libre est la méthode appliquée par
le dispositif psychanalytique. Elle consiste en ce
que le patient s'exprime en toute liberté : il dit tout
ce qui lui vient à l'esprit sans souci de cohérence
et sans crainte d'être jugé. Ce procédé permet
au psychanalyste* de repérer chez son patient
des signes de ce qui le détermine et dont il n'a pas
la moindre idée, car cela échappe à son contrôle et
à sa volonté. L'association libre permet de déjouer
la censure*.

Lien social

Un des principes de base de la psychologie
sociale* est que tout individu est inséré dans
un réseau de relations au sein de la famille,
du groupe, de la société. Cette « affiliation »
s'exprime par des comportements
de communication*, de coopération, sur la base
de ce que l'on appelle l'attachement* et dont
certains voient les prémices chez l'animal.

Logorrhée

Du grec *logos*, « parole », et *rein*, « couler ».
Débit rapide et précipité de la parole qu'on trouve,
par exemple, dans certains accès maniaques.

LORENZ (Konrad)

Naturaliste autrichien (1903-1989), fondateur de
l'éthologie*. Prix Nobel de médecine en 1973, il a
codifié l'étude des réactions instinctives chez

l'animal et proposé une conception dite
« objectiviste* » de la science du comportement*
des animaux reposant sur des observations*
minutieuses.

Mannoni (Maud)
Psychanalyste* française d'origine néerlandaise
(1923-1998). Elle a créé une école pour enfants
psychotiques en 1969 (l'École expérimentale de
Bonneuil), ouverte sur l'extérieur.

Manque
Voir Complexe de castration.

Masochisme
Le masochisme érogène consiste à apprécier
les mauvais traitements que l'on reçoit. Il s'agit ici
d'une perversion* sexuelle qui réunit le plaisir et
la souffrance. Une autre forme de masochisme,
dit moral, traduit une attitude*, un comportement
liés à la souffrance morale que l'individu s'inflige

**S'infliger
la souffrance**
Tuer toutes
les formes de plaisir,
de bonheur, toutes
les possibilités
de réussite, et jouir
de cette folle
maîtrise
de soi-même.

et qui instaure dans sa vie et dans tous les domaines (affectif, professionnel, etc.) des stratégies d'échec. Le sujet, à cause d'un sentiment inconscient de culpabilité*, se « mortifie » en s'interdisant l'accès au bien-être.

Masturbation
Étape normale du développement de la sexualité, conduite autoérotique permettant d'atteindre seul l'orgasme.

Mathème ▲
Formule mathématique. Jacques Lacan* en fait une sorte de transcription scientifique algébrique des notions centrales de la psychanalyse* (formule de la sexuation, par exemple).

Myélinisation
C'est un processus
au cours duquel
les axones
des neurones
s'entourent
d'une gaine
interrompue
en certains points
(nœuds de Ranvier)
et qui contribue
à accroître
la vitesse
de conduction
de l'influx nerveux.

Maturation
Ensemble de phénomènes d'ordre physiologique qui se produisent au cours du développement* d'un être vivant. Par exemple, la myélinisation des fibres nerveuses est un phénomène de maturation. Préprogrammée génétiquement dans ses grandes lignes, la maturation de l'organisme est soumise aux conditions environnementales du développement et à la mise en service des fonctions organiques.

Mécanismes de défense
C'est un ensemble de processus psychiques dont le but est de protéger le moi* contre les assauts des pulsions* contenues dans le ça* et d'éviter l'angoisse*. On s'accorde à dire que ces mécanismes sont mis en place par le moi, même si ce dernier est altéré. Il existe de nombreux

mécanismes de défense différents selon l'affection.
Les plus connus sont :
– en ce qui concerne la névrose* : le refoulement*,
l'isolation*, l'annulation, la conversion somatique,
les formations réactionnelles* ;
– en ce qui concerne la psychose* : la projection*,
l'identification* projective, le clivage* de l'objet
et du moi, le déni* de la réalité, la forclusion*.

Mélancolie

La mélancolie est une forme de psychose*.
Elle se traduit par un état de profonde souffrance
morale. Le sujet perd toute forme d'intérêt :
il se désinvestit peu à peu de sa vie familiale,
de son travail, de ses amis. Une fatigue apparaît
que le repos ne répare pas. Un pessimisme
pathologique et rebelle envahit le patient, qui
se dévalorise de jour en jour et s'enlise dans
une grande détresse psychique. Une anesthésie
affective l'envahit, il se détache du monde et reste
prostré dans ses ruminations désespérées.
Il est certain de son incurabilité car il se vit
coupable et désigné pour recevoir un châtiment
inéluctable.

Mémoire

Faculté essentielle qui a trois fonctions : l'encodage
des informations, leur stockage et la récupération
des souvenirs. On distingue aujourd'hui la mémoire
de travail, souvent définie aussi comme mémoire
à court terme – mémoire à capacité limitée et
particulière à une tâche –, et la mémoire à long
terme, à capacité théorique illimitée, qui régit notre
vocabulaire, mais aussi les règles de grammaire, etc.
Les troubles de la mémoire sont caractéristiques de

Des fonctions adaptatives
La maladie mentale
ne vient pas du fait
que l'être humain
utilise des
mécanismes de
défense. Elle vient
du fait que
les mécanismes
de défense utilisés
habituellement par
le sujet sont
défaillants
ou inefficaces.

certaines pathologies et permettent de préciser les mécanismes en jeu dans la mémorisation. On sait que la maladie d'Alzheimer* commence par une atteinte grave de la mémoire.

Métaphore ▲

L'aliénation
L'enfant se perçoit comme étant l'objet du désir de sa mère. Le rôle de père doit incarner pour l'enfant l'impossibilité qu'il en soit ainsi.

Pour la psychanalyse*, la métaphore est un mécanisme actif dans les formations de l'inconscient* : c'est un mot qui vient à la place d'un autre, dira Jacques Lacan*. Elle est équivalente au mécanisme de condensation* décrit par Sigmund Freud* et qui a pour fonction de symboliser le désir* inconscient en évitant la censure*. Le processus structurant de la métaphore paternelle traduit l'opération par laquelle l'enfant consent à la loi du père*, qui va le séparer de sa relation fusionnelle avec sa mère. L'enfant prend conscience qu'il n'est pas tout (le phallus*) pour sa mère. Cette dernière est occupée ailleurs (auprès du père) et elle le fait savoir à son enfant. Dans ce cas, la métaphore est le « Nom-du-père* » et elle vient à la place du désir de la mère.

Métapsychologie ▲

La métapsychologie correspond à la théorie mise au point par Sigmund Freud* pour rendre compte du fonctionnement de l'appareil psychique* selon quatre points de vue : économique*, topique*, dynamique* et génétique*, qui ne peuvent s'appréhender séparément.

Métonymie ▲

La métonymie est un mécanisme actif dans les formations de l'inconscient* et est équivalente

au mécanisme de déplacement* décrit par
Sigmund Freud*. C'est un mot qui vient à la place
d'un autre, utilisant la partie pour le tout, la cause
pour l'effet, le contenu pour le contenant.
Elle exprime dans un signifiant* le désir* du sujet,
qui est dû au manque*. Ce désir tente de colmater
le manque en renvoyant à un autre signifiant,
et ainsi sans fin (le désir est sans fin désir
d'autre chose).

Miroir (stade du)

Nous devons cette expression à Jacques Lacan*.
Entre 6 et 8 mois, l'enfant est captivé par
la découverte de son image renvoyée par le miroir.
Il en résulte une modification du sujet par
l'assimilation* de cette image. L'enfant passe
d'un vécu de son corps morcelé à une forme unifiée,
une forme repérée chez l'autre* et qui représente
le « je » idéal. À partir de là, le moi* se construit
selon l'autre, le semblable, sur un mode libidinal
et narcissique qui n'a rien à voir avec le sujet.
Le moi n'est pas le sujet*. L'enfant est capturé par
la relation spéculaire* qui l'aliène à l'autre.
C'est l'intervention de l'Autre*, du langage* (par
exemple la mère), qui, en nommant l'enfant devant
le miroir*, lui confère une place dans le signifiant*
(prise du sujet dans le symbolique*) et le libère
de l'aliénation* totale à l'autre.
Voir aussi Image (mentale).

Moi

C'est l'instance psychique relative aux
identifications*. L'enfant construit son moi en
prélevant chez l'autre* (son semblable) des traits
qui lui servent de repères et qui vont l'aider à être

Le lyrisme du sujet
L'analyste fait fi de
la logique discursive
et de l'authenticité
du discours de
l'analysant.
À la place, il traque
les figures
métaphoriques
et métonymiques,
qui parlent mieux
du sujet
que lui-même.

« conforme » au monde dans lequel il vit.
Cette instance, contrairement au ça*, entretient
de bonnes relations avec le principe de réalité*.
C'est le moi qui sert de frontière pour que
les pulsions* (principe de plaisir*) ne viennent
pas empiéter et perturber la vie du sujet.

Chimère
On peut dire que
le sujet place
les fondations
de son moi
dans l'image que
lui renvoie
le miroir,
un reflet,
un charme,
une illusion.

Moi idéal

Le moi idéal correspond à un état psychique ressenti
très tôt par l'enfant et qui correspond à un sentiment
de toute-puissance narcissique. La libido* envahit
le moi*. Pour Jacques Lacan*, cette formation
psychique est à repérer lors du stade du miroir*
et est essentiellement imaginaire*.

MONTESSORI (Maria)

Pédagogue et médecin italien (1870-1952) qui
a mis au point une méthode d'éducation célèbre.
L'enfant réalise librement les apprentissages*
qu'il doit maîtriser sans subir les contraintes de
la scolarité ordinaire. La « directrice » lui propose
de nombreux objets pour qu'il s'initie concrètement
aux différentes opérations de l'esprit.
Les exercices physiques sont multiples.
Aujourd'hui, de nombreuses écoles utilisent
les bases de la méthode Montessori.

Mort

Voir Pulsion.

Mot d'esprit

Le mot d'esprit est une formation de l'inconscient*,
une de ses manifestations qui procure au sujet
qui l'exécute et à celui qui l'écoute une réelle
satisfaction. La note fine, spirituelle, qui s'en dégage

est tolérée par la censure* et autorise donc la réalisation d'un désir*, car le refoulement* est levé.

Motivation

Ressort de l'action, la motivation est un ensemble de mécanismes d'ordre physiologique et psychologique qui se retrouvent aussi bien dans ce que l'on appelle les besoins* primaires (faim, soif, sexualité) que dans les besoins secondaires d'origine sociale et culturelle. La motivation se déclenche à partir d'un manque* ou d'un déséquilibre et elle mobilise l'énergie du sujet de telle sorte que son comportement puisse entraîner une réduction du manque ou un retour à l'équilibre (théorie homéostatique*). On parle aujourd'hui volontiers de « motivation cognitive » pour traduire le désir* de connaissance de l'enfant. L'état motivationnel influe sur de nombreuses fonctions psychologiques : la motivation a un effet de sélection des objets perçus. Elle accentue et oriente l'attention* du sujet. Elle facilite la mémorisation, etc.

À toutes les sauces
Certains psychologues s'interrogent sur le pouvoir d'explication de la notion de motivation, que l'on peut invoquer pour quelque comportement que ce soit (motivation à aller au théâtre, par exemple).

Musicothérapie

Traitement, en général complémentaire dans une psychothérapie*, consistant soit en la production (thérapie par l'art*), soit en l'écoute (relaxante, analgésique…) de partitions musicales.

Art thérapie
La peinture, par exemple, par des productions de plus en plus structurées, est une projection du moi révélatrice des progrès de son organisation.

Mythomanie

Invention souvent inconsciente d'histoires en lesquelles le malade psychopathe croit et dont il souhaite persuader son auditoire. Il s'agit d'une question de structure* du sujet au moi* clivé et d'autosuggestion.

Narcissisme

Le narcissisme primaire, selon Sigmund Freud*,
correspondrait à la période intra-utérine, moment
où rien n'est différencié, ni le sujet ni le monde
extérieur. Le narcissisme secondaire traduit, quant
à lui, le retour de la libido* sur le moi*.
Pour Jacques Lacan*, le narcissisme primaire débute
lors du stade du miroir*, qui est le stade de
l'unification du « je ». L'enfant élit comme objet
pulsionnel sa propre image*. Le narcissisme
secondaire serait l'investissement* d'un objet
extérieur au sujet mais porteur tout de même
de son image.

Extrait du *Narcisse*
de Paul Valéry
*« Cher corps,
je m'abandonne
à ta seule puissance ;
l'eau tranquille
m'attire où je me
tends mes bras.
À ce vertige pur
je ne résiste pas. »*

Neurasthénie

Caractérise cliniquement un état chronique
de fatigue accompagné de plaintes verbales.
On l'a assimilé à une dépression* mineure.

Neuroendocrinologie

Le chef d'orchestre
Les sécrétions hormonales sont sous contrôle de la glande hypophysaire.

Partie de la neurophysiologie* qui analyse
les relations entre le système nerveux et les glandes
endocrines. Toutes les fonctions physiologiques sont,
en effet, sous contrôle du système nerveux central
et du système hormonal par l'intermédiaire de ce
que l'on appelle l'« axe hypothalamo-hypophysaire ».
Les dysfonctionnements des glandes endocrines ont,
entre autres, des effets psychologiques : ainsi,
l'hyperthyroïdie entraîne des troubles de l'humeur.
Voir aussi Hormone.

Neuromédiateurs ▲

Espérance déçue
On a dû renoncer à la conception d'un cerveau composé de zones caractérisées par un neuromédiateur particulier, lequel en aurait expliqué simplement la fonction.

Molécules chimiques qui ont des effets différents sur
les comportements et qui permettent la transmission
de l'influx nerveux au niveau des synapses.
Les molécules sont de trois types : amines
(sérotonine, par exemple), acides aminés (gaba) et
neuropeptides (endorphine, par exemple). Un même
neurone peut synthétiser plusieurs neuromédiateurs.

Neurophysiologie

Branche de la physiologie qui étudie les structures,
les mécanismes et le fonctionnement du système
nerveux.

Neuropsychiatrie

Science qui développe une approche neurologique
de la psychiatrie*. Les maladies dites mentales
sont l'expression d'une pathologie nerveuse.

Cette pathologie est aujourd'hui souvent ramenée à des dysfonctionnements du système nerveux central et à des problèmes de transmission de l'influx nerveux où les neuromédiateurs* sont concernés au premier chef.

Neurosciences

Terme qui s'est récemment imposé (vers 1970) et qui regroupe de nombreuses disciplines, depuis la neurophysiologie* et la psychologie cognitive* jusqu'aux modèles de l'intelligence artificielle, en passant par la neurolinguistique, l'épistémologie* et la philosophie de l'esprit. Il s'agit de cumuler tous les apports permettant de mieux comprendre le fonctionnement du cerveau et les activités mentales.

Matérialisme
Une conception assez largement partagée aujourd'hui considère que ce que l'on appelle activité mentale se confond avec le fonctionnement biophysique du cerveau.

Névrose

La névrose est considérée comme une maladie de la personnalité* qui se manifeste par une réponse émotionnelle et comportementale inadéquate à la situation donnée. Sigmund Freud* et Pierre Janet* introduisent au cœur de la névrose le conflit*, avec son corollaire l'angoisse*. En effet, la névrose est un mode de défense contre les sollicitations de la libido*. Les pulsions* sexuelles, chez tout être humain, tendent vers l'obtention immédiate d'une satisfaction (principe de plaisir*) et ne se soumettent pas aux règles de la civilité. En revanche, le moi* du sujet est entièrement dévoué à ces exigences : règles morales, religieuses, éducatives, etc. (principe de réalité*). Ces deux instances psychiques sont fondamentalement contradictoires : le moi doit être suffisamment fort pour canaliser la libido et la soumettre au principe de réalité. Dans la névrose, il échoue et ne parvient qu'à refouler les pulsions sexuelles. Ces dernières insistent pour se faire reconnaître (retour du refoulé*). Un conflit s'établit et provoque un mal de vivre.

Névrose hystérique
Voir Hystérie.

Névrose obsessionnelle
Il s'agit d'une affection névrotique dans laquelle un conflit* psychique, provoqué par le rejet d'une représentation* sexuelle inacceptable, s'exprime par des symptômes* dits obsessionnels et compulsionnels. Les obsessions* aliènent le sujet à un système de pensée qui produit en lui des idées parasites (peur d'avoir été ridicule, incorrect, d'avoir laissé la porte ouverte, etc.).
Les compulsions* constituent des actes d'origine inconsciente que le sujet doit accomplir sous peine d'angoisse* intolérable (compter les marches des escaliers, prononcer certains mots, etc.).

Un bon départ
Une logique psychique interne particulière à chacun d'entre nous se met en place en conséquence de la fonction paternelle. Notre identité sexuelle s'y expérimente.

Nom-du-père ▲
Le Nom-du-père a une fonction symbolique*, celle de conférer à l'enfant, lors du passage de l'œdipe*, un repère psychique structurant. Il s'agit d'une métaphore* qui est une substitution du signifiant* « désir* de la mère » à un autre signifiant, le « Nom-du-père ». C'est la loi qui sépare l'enfant de la relation fusionnelle et mortifère qu'il entretient avec sa mère (être tout pour elle, le phallus*), la castration* symbolique.
Cette métaphore sera donc réussie s'il y a élision du désir de la mère. Ce désir supprimé (mis en suspension) fera apparaître pour l'enfant ce qui est

désirable selon la nature de son sexe. Il pourra
acquérir sa place singulière dans la triade familiale
ainsi que dans l'ordre de la société.

Non-directivité

Nous devons, semble-t-il, cette notion au
psychologue* américain Carl Rogers (1902-1987).
Cela consiste à faire en sorte que le sujet réalise
lui-même son propre parcours et ses propres choix,
qu'il s'agisse d'éducation, de psychothérapie*
ou d'entretien.

Nymphomanie

Dans sa forme pathologique, la nymphomanie
peut être un symptôme* de l'accès maniaque (accès
d'excitation). Elle caractérise alors un état de
demande* sexuelle jamais rassasiée.

Objectivisme

Théorie proposée par Konrad Lorenz* et
Nikolaas Tinbergen* dans le cadre de l'éthologie*.
Le comportement* instinctif des animaux est conçu
comme la résultante d'une énergie interne et
d'un stimulus* déclencheur.

Objet

La psychanalyse* attribue une signification
particulière au mot objet. L'objet n'est pas considéré
comme une chose mais comme ce vers quoi le sujet,
inconsciemment ou consciemment, dirige
ses investissements*. Il est le moyen par lequel
la pulsion* cherche à atteindre son but,
sa satisfaction (objet partiel), par exemple le sein.
Par rapport à l'amour, il est ce qui est attrayant pour
le sujet (objet total), par exemple une personne.

Réaction à vide
Énergie et stimulus
agissent dans
le même sens.
L'énergie peut donc
être suffisamment
importante pour
déclencher,
à elle seule,
un comportement
(en l'absence
de tout stimulus)

**Une considération
différente selon
la pathologie**
Exemple :
le névrosé
obsessionnel
voudra maîtriser,
posséder l'objet
(l'autre). Il se veut
« tout » pour l'autre
afin que cet autre
ne désire plus.

Objet a ▲

Jacques Lacan* a introduit dans la psychanalyse*
la notion d'objet dit « petit a » afin de cerner
un manque* fondamental chez l'être humain,
manque que ce dernier s'obstine à nier. L'objet a
est un semblant d'objet définitivement perdu pour
l'homme et que celui-ci tente en vain de retrouver.
C'est justement le fait de cette perte qui conditionne
l'existence du sujet* en donnant naissance
au désir*.
Voir aussi Désir (objet cause du), Pulsion.

Objet (relation d')

La relation d'objet traduit le mode de relation que
le moi* entretient avec l'objet pulsionnel. L'objet est
investi singulièrement par le sujet sur différents
modes (oral, anal...). Les pulsions* et le moi relient
la relation à l'objet par la fixation* à un stade*.
Il s'agit d'une régression* au stade qui a donné à
l'enfant beaucoup de satisfaction, à une époque
préservée du conflit* œdipien, de l'angoisse*
de castration* et de la culpabilité* face au surmoi*.
Par exemple, un adulte devant une situation
trop pénible à gérer peut régresser vers le stade
sadique-anal*. La relation d'objet rend compte
de la manière dont le sujet se comporte
dans les relations interpersonnelles.

Écrits
Donald Winnicott
a publié, entre
autres ouvrages,
*De la pédiatrie à la
psychanalyse* (1957)
et *Processus
de maturation chez
l'enfant* (1965).

Objet transitionnel

Ce terme a été introduit en psychanalyse* par
Donald Woods Winnicott (1896-1971), pédiatre et
psychanalyste* britannique. Il désigne un objet que
le jeune enfant affectionne tout particulièrement, par
exemple un bout de drap, une poupée de chiffon,
etc., et qui va l'aider à s'endormir. Cet objet

nettement différencié par l'enfant représente
l'ébauche d'une séparation entre sa mère et lui,
entre le moi* et le non-moi.
« Objet » ambigu ou plutôt espace « intermédiaire »,
ou encore transition « représentée » (entre
le sujet et le monde), il sera plus tard désinvesti
de toute affectivité* et de son pouvoir contre
l'angoisse*.

Observation

Jouant le rôle essentiel, en éthologie*, par exemple,
c'est aussi un moment de la démarche
expérimentale* que l'on peut situer au début de
toute recherche empirique (observations de départ),
mais surtout au moment de la mise à l'épreuve des
hypothèses opérationnelles. Selon l'épistémologue
britannique Karl Popper (1902-1994), l'observation
d'un fait peut amener la réfutation d'une proposition
théorique, jamais sa confirmation. Le problème
du rapport entre théorie et fait observé reste
donc difficile.

**La science
pour Einstein**
Selon le physicien
Albert Einstein
(1879-1955), c'est
la théorie qui nous
dit quoi observer.

Obsession

Trouble morbide qui laisse le sujet, en dépit de
sa volonté, confronté en permanence à la même
idée. Souvent, à cette pensée est associé le même
comportement (compulsion*), qui a parfois
pouvoir de conjuration (rite) des pensées
maléfiques. Caractéristique de la névrose
obsessionnelle*, l'obsession a été expliquée
par Sigmund Freud* par une régression* au stade
sadique-anal*.

**Esclave d'un
comportement**
Se laver les mains
de nombreuses fois
dans la journée
constitue un rite,
une conjuration
de l'angoisse
chez le sujet
obsessionnel.

Œdipe
Voir Complexe d'Œdipe.

Oligophrénie
Retard du développement intellectuel dû à
des causes organiques, comme une malformation
cérébrale ou un trouble du métabolisme du cerveau.
Voir aussi Arriération, Débilité.

Onirisme
Rêve éveillé qui se manifeste souvent dans certains
cas de toxicomanie.

Ontogenèse
Mise en évidence des étapes du développement*
organique et psychologique d'un organisme vivant
à partir de sa naissance. On parle plutôt
d'embryogenèse pour le développement du fœtus.
La perspective dite « génétique* » de Jean Piaget*
est une recherche ontogénétique. (Les biologistes
réservent l'adjectif génétique – de gène – à la science
de l'hérédité*.)

Les modifications du comportement
On parle parfois d'éthogenèse pour désigner la complexification du comportement au cours de l'ontogenèse.

Opinion
Avis partagé par un groupe social ou par une partie
de ce groupe. Les opinions sociales sont tributaires
des idéologies qui sont appliquées aux événements
ou qui permettent l'émergence de ces événements.
L'importance des médias dans la circulation
des opinions et leur propagation est considérable ;
celle des individus qui jouent le rôle de « guides
d'opinion » l'est aussi. La diversité des opinions
et leur publicité constituent une garantie
fondamentale de la liberté.

Opposition (crise d')
Il s'agit d'un ensemble de comportements qui,
le plus souvent, se manifestent chez l'enfant en

réaction à sa famille. Pour Henri Wallon*, vers 3 ans, c'est par cette opposition, par ce négativisme, que le moi* de l'enfant se constitue : le « non » devient alors la réponse systématique à toutes les questions ou demandes qui lui sont adressées.

Oral ou cannibalique (stade)

C'est le premier stade de la libido* : le plaisir est lié à l'excitation de la cavité buccale et des lèvres. L'objet convoité durant cette période est tout ce qui se mange. La fonction sexuelle et la fonction alimentaire sont ici rassemblées (exemple : le sein) et le mode relationnel de cette période est l'incorporation.

Orthophonie

Discipline qui a pour objectif pratique le traitement de la difficulté à s'exprimer, quelle qu'en soit la raison. Il s'agira donc d'agir aussi bien sur le handicap sensoriel que sur le retard de langage*.

Oubli

Caractéristique de la faculté de mémoriser, comme les travaux de psychologie expérimentale* l'ont mis en évidence (courbes d'oubli), ce peut être aussi un trouble de cette capacité, une amnésie*. En ce cas, la psychanalyse* freudienne avec la notion de refoulement* en propose une approche intéressante.

La première satisfaction sexuelle
Sucer est, pour le bébé, une activité autoérotique qu'il affectionne tout particulièrement et dont toute sa vie durant il gardera les traces.

Un déterminisme multiple
La dyslexie, par exemple, trouble de la lecture, nécessite le plus souvent un examen psychologique complet.

Amnésie mais aussi « hypermnésie »
Ce patient souffrait de ne pouvoir rien oublier des pages de chiffres qu'il avait lues parfois plus de quinze ans auparavant.

Palo Alto (école de)

En Californie, cette école a été fondée par
Gregory Bateson* (époux de l'anthropologue
Margaret Mead, 1901-1978). Les travaux de cette
école ont porté essentiellement sur le phénomène
de communication* et ont insisté sur l'ambiguïté de
certains messages, comme dans le cas du « double
lien* » qui serait à l'origine de comportements
pathologiques (schizophrénie*). Ces recherches
sont poursuivies aujourd'hui dans un autre centre,
mais toujours à Palo Alto, par D. Jackson
et P. Watzlawick.

Un ordre contradictoire
On cite souvent
l'état d'impuissance
dans lequel
se trouverait
quelqu'un à qui
l'on adresserait
l'injonction
suivante :
« Sois spontané ! »

Paranoïa

La paranoïa est une psychose* chronique,
sans hallucinations*, caractérisée par un délire*
à thème unique, cohérent selon la logique propre
du patient. Dans cette affection, le délire ne part
pas dans tous les sens et ne compromet pas une vie
sociale normale. Le sujet délire dans un secteur
particulier, élabore, à partir de signes anodins
qui pour lui constituent des preuves,
un raisonnement faux et s'y enferme (mécanisme
interprétatif).

Paraphrénie

C'est une psychose* inscrite dans le groupe
des organisations délirantes chroniques.
Elle est rare et se caractérise par un délire* riche,
fantastique, impénétrable, qui s'exprime dans
un langage hermétique, secret.
Le sujet vit alternativement dans un monde
fantastique et dans un monde réel sans que
son comportement en soit changé.
La paraphrénie semble être le vivier de tous
les mécanismes du délire (intuition, imagination,
interprétation*, hallucinations*).
Elle débute tardivement, entre 30 et 50 ans,
et son évolution vers une organisation délirante
peut durer de longues années. C'est l'histoire
personnelle du sujet qui la déclenche.

PARKINSON (maladie de)

Le patient est affecté de tremblements, des mains
surtout, et d'une certaine rigidité motrice.
On sait aujourd'hui que cette maladie est
caractérisée par une dégénérescence
d'un des noyaux du cerveau (*locus niger*).

Patte noire (test de)

Test projectif* composé d'images représentant
des scènes dont les personnages sont des cochons.
L'enfant s'identifie très fréquemment à l'un
de ces personnages : le petit Patte noire.

PAVLOV (Ivan Petrovitch)

Physiologiste et médecin russe (1849-1936), Prix
Nobel de physiologie et de médecine en 1904.
Il a mené des recherches sur les mécanismes
de la digestion et plus particulièrement sur
le « réflexe salivaire » : eau à la bouche à la pensée
d'un bon plat. Cet effet d'une pensée sur
l'organisme l'a conduit à étudier le fonctionnement
des hémisphères cérébraux grâce au paradigme
expérimental du « conditionnement* ». Il a expliqué
les résultats de ses expériences (chien qui salive
lorsqu'il entend un son associé antérieurement
à l'administration de nourriture) en termes de
« frayage » de voies nerveuses (nouvelles liaisons
entre des zones du cerveau). Deux mécanismes
caractérisent le fonctionnement cérébral : l'excitation
et l'inhibition*. Les thérapies comportementales*
sont une application des idées de Pavlov.

Père (imaginaire, réel, symbolique) ▲

La psychanalyse* s'est confrontée très tôt à
la difficulté de produire un concept unifié du père.
Jacques Lacan* propose d'ordonner les figures
et les fonctions du père aux trois registres de
l'expérience humaine : l'imaginaire, le symbolique
et le réel.
Le père imaginaire, c'est la figure du père en tant
qu'imaginé, souhaité et idéalisé par l'enfant ;
il correspond à une image du père que le sujet

Un rire gêné
Parmi ces scènes
figure la « scène
primitive »
replongeant l'enfant
dans cette image
(qu'il a) de
ses parents faisant
l'amour.

s'est forgée en rapport avec son désir.

Le père réel, c'est l'homme qui trace la destinée sexuelle de l'enfant ; pour ce faire, il doit lui signifier qu'il possède la mère. Cette position en fait l'agent de la castration* de l'enfant.

Le père symbolique, c'est le père de la loi, il est équivalent au signifiant du père (Nom-du-père*) et au père mort de Freud* (complexe d'Œdipe*). Sa fonction, c'est la castration symbolique de l'enfant, soit l'« interdit » qui circonscrit la jouissance*.

Perlaboration ▲

Lors de la cure analytique*, le patient résiste aux interprétations* : il ne veut rien savoir de « sa vérité », même s'il est là pour cela. La perlaboration est le travail long et fastidieux qui conduira peu à peu l'analysant* à ne plus opposer de résistance* et à se mettre au travail.

Personnalité

Ensemble de traits caractérisant un individu dans sa façon de réagir et de penser. Ces traits sont essentiellement rapportés à la dimension affective, émotionnelle du sujet. Il peut s'agir d'activité, d'ouverture à autrui (sujet extraverti ou introverti*), mais aussi d'anxiété*, de dépendance, etc. Le psychologue* américain Raymond Bernard Cattell (né en 1905) a établi un questionnaire portant initialement sur 16 « facteurs de personnalité ».

Perversion

La perversion, pour la psychanalyse*, ne recouvre pas exactement ce que l'on nomme communément

perversion sexuelle. Elle n'est pas non plus
synonyme de perversité passagère. Il s'agit
d'une structure* au même titre que la névrose* et
la psychose*. Cette structure se met en place au
moment crucial de l'œdipe* à cause d'une
complicité érotique de la mère avec son enfant
associée à une complaisance silencieuse du père*.
La mère incite à faire fi de l'autorité* paternelle.
Ces circonstances œdipiennes déterminent
une fixation* de la jouissance*. Cette jouissance
consistera pour le sujet à franchir, en stratège,
les interdits. On perçoit la ressemblance avec
la situation œdipienne. Le scénario en sera
reproduit car il est vital pour le pervers :
plus il défie la loi, plus cette dernière prend
existence pour lui et plus sa jouissance
à la transgresser est grande.

Serial killers
Les meurtres en
série des *serial
killers* sont commis
par des pervers.
Ces sujets
recherchent,
dans leurs passages
à l'acte, la barbarie.
Ils ne ressentent
aucune émotion,
aucune culpabilité.

Phallique (stade)

Ce stade est appelé phallique car il rassemble sur
la zone génitale les pulsions* autour
d'un signifiant*, le « phallus* ». Le phallus étant
un organe symbolique auquel le garçon et la fille
vont se référer, supprimant ainsi la différence
anatomique des sexes. Ce stade signe la fin
du complexe d'Œdipe* et est dominé par l'angoisse*
de castration*.

Phallus ▲

Pour Sigmund Freud*, le phallus représente
le symbole* d'une libido* masculine commune au
petit garçon et à la petite fille. Il traduit l'objet
du désir* de la mère que l'enfant croit incarner
avant la castration*. Pour Jacques Lacan*,
le phallus est un signifiant*, signifiant premier (effet

du langage* et du désir) autour duquel gravitent les significations*. Il est signifiant de la jouissance* sexuelle, il « donne la raison du désir », la raison du désir de l'Autre* que le sujet doit reconnaître.

Phobie

La phobie est une anxiété* injustifiée. Cette angoisse* se localise sur des objets extérieurs perçus par le sujet comme dangereux alors qu'ils ne le sont pas. C'est, par exemple, la peur irrationnelle de traverser un pont. L'anxiété cesse dès que l'objet ou la situation phobogènes ont disparu. Pour la psychanalyse*, la phobie est une affection névrotique en relation avec le conflit* œdipien (angoisse* de castration*).

Thérapies comportementales
Ces thérapies tentent de guérir les phobiques par des techniques de déconditionnement qui consistent, par exemple, à confronter très progressivement l'individu à l'objet qu'il craint.

PIAGET (Jean)

Psychologue* suisse (1896-1980). Ses premiers travaux portent sur l'évolution* des espèces. Selon lui, le comportement* est le moteur de l'évolution grâce à un phénomène (non darwinien) d'assimilation* génétique. Mais son principal apport concerne l'épistémologie* génétique, c'est-à-dire les étapes du développement* intellectuel de l'enfant, du stade sensori-moteur* à l'intelligence* formelle, en passant par la pensée préopératoire. Sa construction théorique repose sur la réalisation d'épreuves expérimentale où les actes et les réponses verbales de l'enfant mettent en évidence le niveau de développement qui est le sien. Par exemple, maîtrise ou non du principe de conservation des volumes quand la même quantité d'eau est transvasée dans deux récipients de formes différentes.

Placebo (effet)

Dans un protocole expérimental, le placebo est un produit ne contenant pas de substance active (efficace) et dont les éventuels effets (d'origine purement psychologique) sont comparés à ceux de la molécule que le pharmacologue désire tester. On a expliqué son effet sur la maladie par l'ascendant de celui qui le prescrit (suggestion) et par des sécrétions internes au cerveau de substances opiacées (effets analgésiques).

Un conditionnement au contexte ?
On pense aussi que l'effet placebo pourrait s'expliquer par le fait qu'il est administré dans le même contexte (même endroit, même heure, etc.) que la molécule active elle-même.

Plaisir (principe de)

L'activité psychique a pour but d'atteindre le plaisir et d'éviter le déplaisir. L'accumulation de l'énergie pulsionnelle, sa non-décharge, est déplaisir ; sa diminution par la décharge est plaisir. Le principe de plaisir correspond à un principe d'ordre qualitatif par rapport au principe de constance* (qui est d'ordre quantitatif).

Plasticité nerveuse

Expression de la capacité d'adaptation du système nerveux qui peut se traduire en cas de nécessité par le phénomène de vicariance (remplacement de la fonction d'une structure par une autre structure suppléante). En fait, le fonctionnement du système nerveux est plastique à la naissance et devient ensuite plus rigide. L'origine de la plasticité du système nerveux est sans doute à rechercher au niveau de la synapse, dans les phénomènes de stabilisation synaptique.

Post partum (dépression)

Série de troubles que peut présenter une femme qui vient d'accoucher. Il s'agit particulièrement

Primiparité
La dépression *post partum* atteint principalement les femmes lors de leur premier accouchement (primipares).

du « blues » du 3e jour (crainte de ne pas savoir
s'occuper de son bébé), qui disparaît d'ordinaire
de lui-même. Cependant, il peut se prolonger par
une dépression nerveuse, qui nécessite un traitement
pour l'enrayer. Enfin, mais très rarement, apparaît
une psychose* s'accompagnant parfois de délire*
et menace d'autodestruction ou risque d'infanticide.
L'hospitalisation est alors indispensable.

Préconscient

Instance psychique dans laquelle sont contenus
des représentations* et des affects* non connus
du sujet, mais qui peuvent revenir facilement
à la conscience* car ils n'ont pas été refoulés*.

Préjugé

En psychologie sociale*, l'appartenance à
un groupe semble souvent impliquer l'acceptation
des valeurs et des opinions* majoritaires.
Dans ce contexte, le préjugé est un jugement de
valeur *a priori*, c'est-à-dire que l'on produit
une opinion sans attendre que les faits permettent
de l'étayer. Le préjugé s'accompagne d'un
investissement* affectif important. Il peut porter
sur des individus qui sont réduits alors,
le plus souvent, à leur couleur (racisme),
à leur appartenance à une classe sociale, au fait
qu'ils soient des hommes ou des femmes, etc.
Tous ces éléments fondent une discrimination,
une ségrégation, c'est-à-dire une différence
hiérarchisée entre des catégories d'individus, sans
prise en compte de leur individualité. La recherche
des raisons (psychologiques, sociales) et des effets
sur les autres* des préjugés constituent un thème
important des travaux de la psychologie sociale.

Primal (cri)

Technique individuelle ou de groupe, mise au point aux États-Unis par A. Janov, en 1967, et consistant à revivre la souffrance d'une situation réelle de traumatisme vécue antérieurement et enfouie sous des défenses « irréelles ».

Principe de constance

L'appareil psychique* est alimenté par l'énergie pulsionnelle et il a pour fonction de décharger cette énergie.
Ce phénomène a été appelé par Sigmund Freud* « principe de constance » : il est comparable au principe d'homéostasie* (tendance des organismes vivants à stabiliser leurs constantes physiologiques).

Science et psychanalyse
La psychanalyse affectionne l'utilisation des métaphores physicalistes pour décrire le psychisme humain. Est-ce là un complexe vis-à-vis des sciences dures ?

Principe de réalité

Le principe de réalité contrôle l'impétuosité du principe de plaisir*. Il retarde la satisfaction jusqu'à ce qu'un objet adéquat soit trouvé.
Ce principe est lié à la réalité et, en ce sens, se distingue du processus primaire*.
Ce mode de fonctionnement psychique conduit le sujet à différer l'action, à la mentaliser, donc à se contrôler.

Privation sensorielle

Les expériences de privation sensorielle (vue, odorat, ouïe, tact) réalisées chez l'animal visent à mettre en évidence l'importance du phénomène de maturation* des structures organiques et, a contrario, l'impact des conditions du milieu extérieur. Une privation sensorielle totale supprime chez le sujet toute forme de vigilance*.

Supplice
Sans stimulation, le niveau de vigilance de l'organisme est très bas. À la longue, la privation sensorielle est un supplice et a d'ailleurs été utilisée en tant que tel.

**Tâtonner
ou réfléchir ?**
Dans le test
des tours de Hanoi,
il s'agit de
reconstruire,
en respectant
un modèle,
trois empilements
de disques de plus
en plus petits
en allant vers
le sommet, en ne
déplaçant chaque
fois qu'une
des briques
les constituant.

Problème (résolution de)

En psychologie cognitive*, la résolution de
problèmes divers posés au sujet permet l'étude
des opérations intellectuelles qu'il réalise, depuis
la construction d'une représentation du problème
jusqu'à la mise en œuvre de procédures visant
à le résoudre, en passant par la délimitation
d'un « espace de recherche ». On distingue
les problèmes d'induction* (trouver une règle ou
une loi, par exemple : le « problème des 4 cartes »),
de transformation (exemple : les tours de Hanoi)
et d'arrangement (exemple : anagrammes).

Processus primaire

Le processus primaire est un phénomène de
décharge de la tension provoqué par l'énergie
pulsionnelle grâce à l'hallucination* de l'objet qui
permettrait la satisfaction d'un besoin*. C'est le cas
du bébé qui, par exemple, hallucine le sein
lorsqu'il a faim. Ce processus se heurte à la réalité,
car bien que l'objet soit halluciné, l'enfant n'en est
pas pour autant rassasié. Le psychisme*, ainsi,
apprend à chercher à l'extérieur l'objet de
satisfaction. Par la soumission au principe
de réalité*, le monde interne est peu à peu
abandonné et un autre processus dit secondaire*
se met en œuvre.

Processus secondaire

Ce processus conduit le sujet à tenir compte de
la réalité pour décharger ses tensions internes.
L'appareil psychique* se soumet au principe de
réalité*. La décharge de la tension pulsionnelle est
différée jusqu'à ce que l'objet qui puisse la satisfaire
soit trouvé.

Projectif (test)

Test construit de telle sorte qu'il révèle la structure de la personnalité* du patient par la projection* qu'il lui permet de réaliser. On citera le Rorschach*, le test de Patte noire*, etc.

Projection

La projection est un mécanisme de défense* qui consiste à neutraliser la représentation* intolérable d'une tension interne, d'en déformer le contenu et de la lier à un objet externe. Ce qui n'est pas toléré à l'intérieur de soi est projeté dans l'autre* (le semblable). Cette opération imaginaire* se retrouve dans différentes pathologies mais aussi dans la vie courante.

Proprioception

Sensibilité aux informations véhiculées à partir des propriocepteurs, qui sont les récepteurs situés dans les articulations, les tendons, les muscles.

Le corps propre
Sensibles à l'étirement, par exemple, les propriocepteurs permettent la formation du schéma corporel à partir de sensations émanant du corps lui-même (corps propre).

Psychanalyse

1) Théories de l'inconscient*, de ses structures et de son fonctionnement.
2) Dispositif particulier, découvert par Sigmund Freud*, utilisé par un psychanalyste* (ou analyste*) avec un analysant*. La psychanalyse utilise la cure* verbale, c'est-à-dire le libre discours du patient, pour que ce dernier puisse prendre conscience de ses mécanismes inconscients.

Psychanalyste

Voir Psychanalyse.

Psychiatre

Voir Psychiatrie.

Psychiatrie

Partie de la médecine qui étudie les maladies
mentales et leur traitement. Le psychiatre* explique
la maladie mentale par :
– la psychosociologie (rôle de la famille) ;
– la psychanalyse* (psychothérapie*) ;
– la neurophysiologie* (traitement des
dysfonctionnements neurochimiques par
des médicaments).
La dernière explication (la neurophysiologie)
et la thérapie qui en découle dominent actuellement.

Psychisme

Instance constituant le siège de toutes les opérations
mentales, de toutes les fonctions psychologiques. Le
physiologiste réductionniste tentera de ramener le psychisme au cerveau. Psychisme et conscience* sont liés.

Psychologie

Science qui recouvre un ensemble de domaines
(psychologie sociale*, de l'enfant*, cognitive*,
interculturelle, gérontologie*, etc.) et de méthodes
(développement*, méthode clinique, expérimentale*,
etc.). Son objet est le fonctionnement du psychisme*
(animal et humain). Le psychologue* (scolaire,
du travail, clinicien, etc.) utilise les connaissances
de cette science pour aider ses patients ou ses clients
à surmonter les problèmes qu'ils rencontrent.

Psychologue

Voir Psychologie.

Psychométrie

Mise au point extrêmement délicate et minutieuse
et utilisation de tests pour mesurer les capacités

psychologiques. Un test obéit nécessairement
à certains critères : il doit être valide (adéquat
à ce que l'on souhaite mesurer), fidèle (donnant,
si on le répète, des résultats concordants) et classant
(ni trop difficile ni trop facile, par exemple).
Parmi les mesures réalisées, on citera celle de
l'intelligence* (Binet*-Simon, Wechsler*).

Psychomotricité
L'organisme fonctionne grâce aux relations entre
les organes des sens, le niveau des intégrations
des messages et de la programmation
des mouvements (système nerveux central)
et la motricité.
La psychomotricité est constituée par
les comportements* moteurs et locomoteurs soumis
à un programme central. Les troubles psychomoteurs
sont l'objet de techniques de rééducation
spécifiques.

Psychopathologie
La psychopathologie est la science qui étudie
les souffrances mentales et en établit l'étiologie*.
Elle réunit la psychologie* et la psychiatrie*.

Psychophysiologie
Discipline intégrant les opérations propres au
psychisme* et les connaissances concernant
la physiologie de l'organisme (neurophysiologie*,
neuroendocrinologie*, etc.). La psychophysiologie
privilégie donc les bases biologiques des
comportements* animaux et humains. La dimension
biologique (génétique*, cerveau) prend le pas sur
une analyse psychologique menée souvent de façon
trop caricaturale.

**La méthode
des tests**
Les tests sont
victimes de leur
succès. On trouve
des tests dits
psychologiques
dans de nombreux
magazines. Il faut
savoir qu'en fait
la mise au point
d'un test exige
plusieurs années.

**Le cerveau,
un organe
à la mode ?**
La neurophysiologie
constitue
aujourd'hui
un chapitre de plus
en plus conséquent
de l'étude
physiologique
de l'organisme
(neurosciences).

Psychophysique

Domaine de recherche défriché par
Gustav Theodor Fechner* et qui relie les caractères
physiques des stimuli aux caractères de la sensation.
Les chercheurs ont formulé les lois de cette relation
en étudiant les seuils absolus (détection du stimulus*)
ou relatifs (changement de niveau de la sensation)
de la perception.

Psychose

La butée du réel
Ce dont nous
sommes certains et
qui fait réalité pour
tous, c'est que nous
sommes mortels,
que nous sommes
nés du ventre
d'une femme et
qu'avant le fils il y a
le père. Rejeter un
de ces éléments
est pathologique.

La psychose se traduit par une organisation
pathologique de la personnalité*. Elle révèle
des perturbations profondes du fonctionnement
de la pensée. Le sens de la réalité est altéré ainsi
que la relation aux objets.
L'adjectif accolé à « psychose » précise la nature
de la maladie : par exemple, la psychose
maniaco-dépressive*.

Psychose maniaco-dépressive

C'est en 1899 que le psychiatre* allemand
Emil Kraepelin (1856-1926) isola la psychose
maniaco-dépressive, appelée aussi psychose*
bipolaire. C'est une affection mentale qui se traduit
par d'importants troubles de l'humeur. Le sujet
souffre, par périodes :

Pis peut-être
Il existe aussi
une forme
de psychose
maniaco-dépressive
appelée unipolaire
où seul l'accès
mélancolique
se manifeste :
c'est la mélancolie.

– d'accès maniaques (il cherche à obtenir
un plaisir* excessif ; il est ainsi entraîné dans
une intense activité qui se prolonge la nuit et il ne
ressent aucune fatigue) ;
– d'accès mélancoliques (il s'enfonce dans un état
de profonde douleur morale et perd peu à peu toute
forme d'intérêt).
Puis, dans l'intervalle des accès, il retrouve son état
normal.

Psychoses hallucinatoires chroniques (PHC)

Ces psychoses* sont caractérisées par des mécanismes hallucinatoires de très grande importance. Leur début parfois insidieux, parfois brutal, suit la forme de l'automatisme mental décrit par le psychiatre* français Gaëtan Gatian de Clérambault (1872-1934).

L'automatisme mental est générateur du délire* chronique et se traduit par des phénomènes que le sujet ne contrôle pas (exemple : hallucinations* verbales). Ses pensées et ses actes sont commentés ; son corps est soumis à des impulsions qui entraînent des gestes incontrôlés. De nombreuses hallucinations visuelles s'imposent à lui mais aussi des hallucinations olfactives (mauvaises odeurs), cénesthésiques (spasmes, douleurs* inexpliquées), génitales (sensations voluptueuses), gustatives (mauvais goût dans la bouche). Progressivement, la PHC va évoluer en délire chronique et se structurer autour d'un thème de persécution, de jalousie, de grandeur.

Psychosomatique

Caractérise les effets sur l'organisme des stress*, des conflits*, c'est-à-dire des problèmes d'ordre psychologique.

Psychothérapie

La psychothérapie utilise les connaissances de la psychologie* et de la psychanalyse*. Ses procédés sont très divers (entretiens, groupes de parole, etc.) et visent à améliorer la relation d'un patient au monde et à atténuer ses souffrances.

Le dimorphisme
Les organes
génitaux
constituent
les caractères
sexuels primaires.
Les caractères
sexuels secondaires
se développent à
la puberté (seins
chez la fille,
pilosité, etc.)
et fondent
le dimorphisme
sexuel.

Puberté

Étape de la vie où l'enfant devient un adolescent avec l'apparition des caractères sexuels secondaires, soit à environ 12 ans chez la fille et 14 ans chez le garçon dans nos pays.
La puberté s'accompagne parfois de problèmes liés à la sexualité et à la famille, comme dans l'anorexie* de la jeune fille, par exemple.

Pulsion

Pour Sigmund Freud*, la pulsion est le représentant psychique de l'organisme (excitations).
Elle est une « énergie », et c'est elle qui incite le sujet à vivre.
Elle se définit par :
– la poussée, c'est-à-dire le travail que doit réaliser le psychisme* (c'est la force motrice) ;
– la source (c'est la zone organique où se manifeste l'excitation somatique, par exemple la zone orale) ;
– le but (c'est l'obtention du plaisir* qui va décharger cette énergie, par exemple l'incorporation) ;
– l'objet (c'est le moyen que la pulsion va utiliser pour atteindre son but, par exemple le sein).
Jacques Lacan* mettra en exergue que l'objet, quel qu'il soit, ne satisfait jamais la pulsion, et, de ce fait, la pulsion est condamnée à retourner vers son point de départ, à exciter à nouveau la zone, et cela sans fin.

Pulsion de vie, pulsion de mort

La pulsion de vie correspond aux pulsions* qui travaillent dans le sens de la procréation (maintien de l'espèce), mais aussi dans le sens de l'autoconservation (libido* narcissique, unité

du moi*), dirigée par le principe de plaisir*.
La pulsion de mort correspond aux pulsions qui
tentent de ramener le vivant à l'inorganique.
Elle s'oppose au principe de plaisir, s'oriente vers
la destruction et l'autodestruction ; elle est à situer
au-delà du principe de plaisir.
Sigmund Freud* étaye sa théorie du fonctionnement
du psychisme* en prenant en compte l'affrontement
de ces pulsions à tendances opposées.

Quotient de développement (QD)

C'est l'équivalent du QI*, mais pour le bébé.
Il concerne, en effet, principalement les capacités
motrices, les émissions vocales, etc.
Sa formule est : âge du développement (mesuré
par un test) / âge réel du bébé x 100.

Quotient intellectuel (QI)

Le quotient d'intelligence* est mesuré par la formule
suivante : âge mental* (mesuré par un test) / âge
réel du sujet x 100. Il en résulte que le QI moyen
d'une population donnée est égal à 100 (l'âge
mental est le même que l'âge réel).

Psychométrie
La mesure est
une opération
délicate qui obéit
à des critères très
stricts de
vérification.
Cela est
particulièrement
exact pour
des fonctions
psychologiques
où la prudence reste
de mise.

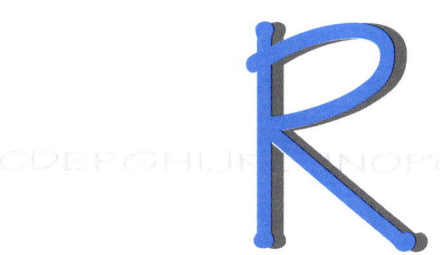

Raisonnement hypothético-déductif

Comme son nom l'indique, ce type de raisonnement
(à différencier de la déduction*) consiste à dériver
logiquement d'une proposition première posée
comme hypothèse les propositions qui suivent.
La forme de ce raisonnement est « si... alors »
(implication). L'enfant ne le pratique
systématiquement qu'à partir de 11-12 ans.
Voir aussi Piaget (Jean).

Rationalisation

En psychologie*, raisonnement qui consiste
à inventer *a posteriori* une justification de son
comportement. Ce type de conduite*, se produisant
devant et pour autrui, est bien étudié par
la psychologie sociale* (importance du statut*).

Les connecteurs
Dans la logique
classique
des propositions,
on appelle
connecteur le mot
ou l'expression qui
lie deux
propositions
comme « et »
(conjonction),
« ou » (disjonction),
« ni... ni » (rejet),
« si... alors »
(implication), etc.

Mais il intéresse aussi le domaine de la psychologie cognitive* en ce sens, et aussi dans le sens d'une activité scientifique qui consiste à rendre rationnel ce qui ne l'est pas.
Voir aussi Dissonance cognitive.

Réactionnelle (formation)

C'est un mécanisme de défense* qui dévie l'énergie pulsionnelle des représentations* interdites. L'obsessionnel, par exemple, va accomplir des rituels de lavage afin d'éviter ses désirs* de souillure. Ce mécanisme répond aux exigences du surmoi*, qui se met en place durant la période de latence*.

Récupération spontanée ▲

Après extinction* expérimentale d'un conditionnement* pavlovien, par exemple, il suffit de respecter un délai avant d'administrer à nouveau le stimulus* conditionné (sonnerie dans l'expérience de Pavlov*) pour voir réapparaître la réaction conditionnée (salivation).

Réel ▲

Jacques Lacan* a écrit : « *Le réel n'a d'existence qu'à rencontrer l'arrêt du symbolique* et de l'imaginaire**. » Le réel est donc une notion lacanienne qui ne se définit que par rapport au symbolique et à l'imaginaire. Le réel est la seule instance de la structure* psychique du sujet* qui ne peut pas se dire (la jouissance*), contrairement au symbolique, et qui se soustrait à la pensée, contrairement à l'imaginaire. De ce fait, il limite ces deux autres instances auxquelles il est rattaché. Ce constat a pour conséquence que « *l'effet de sens*

Le mécanisme d'inhibition
La récupération spontanée est due à un mécanisme de désinhibition. Le stimulus étranger a un effet inhibiteur (−) sur l'extinction expérimentale, qui est, elle-même, une inhibition de la réponse conditionnée (−). Pour Pavlov, la règle des signes est respectée : − x − = +.

Dans la clinique
« *Le symptôme est ce que le patient a de plus réel* », dira Jacques Lacan, car il ne relève ni de la signification ni de l'imaginaire.

exigible du discours analytique n'est pas
imaginaire. Il n'est pas non plus symbolique.
Il faut qu'il soit réel… » C'est-à-dire qu'il intervient là
où les mots s'arrêtent.

Refoulé

C'est la représentation* interdite qui a subi
le refoulement*. Elle reste donc à l'écart
du conscient* dans l'inconscient*. Le retour
du refoulé traduit la tentative de passage de
ces représentations refoulées vers le conscient.

Refoulement

C'est un mécanisme de défense* qui tente en vain
de supprimer de la vie psychique du sujet
un investissement* sexuel dont il est le seul
responsable et qu'il refuse d'admettre. Ce désir*
est inconciliable avec ses autres désirs ou la morale.
Plus le sujet cherche à maintenir dans l'inconscient*
cette représentation* sexuelle, plus elle insiste pour
être reconnue.

Conflit
Le refoulement
du désir n'est pas
sa suppression.
Au contraire,
un conflit majeur
entre forces
antagonistes
éprouve
et désorganise la vie
quotidienne
des sujets.

Régression

Dans certaines circonstances difficiles de la vie
– impossibilité de trouver une solution à un problème,
déception et frustration* –, le sujet trouve
une parade, un moyen de défense en retournant à
un moment dépassé de son ontogenèse*.
Par exemple, l'enfant se remet à sucer son pouce,
ou bien à se salir, etc. Pour Sigmund Freud*,
il s'agit d'une régression à un stade oral* ou anal*.

Relaxation

Technique qui permet de mobiliser le système
nerveux végétatif pour obtenir un état de détente

de l'organisme. Utilisée particulièrement dans les thérapies comportementales*, elle permet au patient de se confronter plus confortablement à l'objet de sa phobie*, par exemple. Le « training autogène » du psychiatre* allemand J. H. Schultz en est la version la plus connue.

Renforcement

Dans les techniques de conditionnement* de Skinner*, le renforcement se définit opérationnellement par l'effet d'un stimulus* particulier, appelé agent renforçateur, sur la fréquence d'émission d'un comportement*. Le renforcement peut être positif ou négatif selon qu'il augmente ou diminue le débit de la réponse. *Voir aussi* Skinner (Burrhus Frederic).

Moins souffrir : un plus
Les effets positifs ou négatifs ne sont pas simplement dus à des récompenses ou à des punitions. Par exemple, le changement de récompense peut avoir un effet négatif ; l'allégement d'une punition, un effet positif.

Répétition

Le phénomène de répétition indique que le sujet a « rencontré » une situation intolérable, de l'ordre d'un choc traumatique (la pulsion de mort* pour Sigmund Freud*, le réel* pour Jacques Lacan*). Ce trauma va conditionner sa conduite et l'empêcher d'accéder dans sa vie quotidienne à ce qu'il désire « au sens du » principe de plaisir*.

Représentation mentale

Pour la psychologie cognitive*, il s'agit :
– soit de l'opération qui consiste à élaborer des substituts psychiques des objets ou des événements ;
– soit de ces substituts eux-mêmes (image*, symbole*).
Pour la psychanalyse*, l'investissement* affectif du sujet joue un rôle fondamental. Enfin, en

Un intermédiaire fécond
Le détour par un substitut de l'objet, intermédiaire entre le sujet et le monde, est le processus qui est à la base du développement des techniques.

psychologie sociale*, les représentations partagées par un groupe constituent une référence culturelle ou subculturelle commune.

Résistance

Durant la cure analytique*, le patient refuse inconsciemment de connaître les désirs* refoulés* qui sont en lui. Il ne veut rien savoir de sa vérité bien qu'il tienne le discours inverse. Cette résistance va se manifester de différentes manières.
Plus le travail analytique se rapproche de la partie refoulée du sujet, plus le phénomène de résistance se renforce jusqu'à projeter sur le psychanalyste* tout ce que l'individu répugne à admettre comme lui appartenant. Le transfert* actualise alors ce conflit* indépassable pour l'analysant*.

Rêve

Images pouvant mettre en jeu tous les sens, qui s'inscrivent le plus souvent dans un scénario plus ou moins incohérent en apparence et que produit un sujet au cours de certaines phases de son sommeil* (phases paradoxales). Conçu parfois comme une simple redite partielle de ce qui a été vécu à l'état de veille, ou bien comme une activité de contrôle du fonctionnement du cerveau, le rêve a reçu de la psychanalyse* un statut privilégié. Il est devenu un des produits de l'inconscient* qui exprimerait les désirs* du sujet, refoulés* à l'état de veille. L'analyse des rêves joue un rôle important dans la cure analytique*.

Rôle (social)

Dans les groupes humains, mais c'est aussi le cas pour les animaux qui vivent en ensemble

Des masques qui nous trompent
Nous pouvons coller à un rôle ou bien en assumer plusieurs, en changer fréquemment. Dans tous les cas, le risque d'aliénation est grand si le rôle ne constitue qu'un masque (celui de l'acteur qui, justement, joue un rôle).

organisé, les individus n'accomplissent pas les mêmes fonctions. La psychologie sociale* étudie les conduites* des acteurs sociaux en fonction de la place qu'ils occupent dans la société (statut*).

Les différents rôles sont codifiés, tombent sous des normes souvent idéalisées (image du médecin, du prêtre, mais aussi du père, de la mère…). Cependant, ces rôles évoluent, disparaissent, se renouvellent, avec des ajustements parfois délicats dans une complémentarité imparfaite. De nombreuses études de psychologie sociale portent sur les conflits interpersonnels et sur la situation conflictuelle intrapersonnelle de celui qui, par exemple, est situé au milieu de la hiérarchie, pris entre ceux à qui il doit obéir et ceux qui doivent lui obéir.

RORSCHACH (test de)

Ce test a été mis au point par un psychiatre* de Zurich, Hermann Rorschach (1884-1922), en 1921. Il s'agit d'un test projectif* de personnalité* : chacune des dix planches qui composent le test (taches d'encre avec des symétries obtenues par pliage) est placée devant le sujet, qui exprime ce qu'elles lui évoquent.
Après une enquête complémentaire, les réponses fournies sont soumises à une cotation qui permet de caractériser le sujet.

Rumeur

En psychologie sociale*, on étudie les mécanismes de la transmission d'une rumeur, c'est-à-dire d'une idée, d'un jugement dont la véracité n'est pas démontrable et qui circule de proche en proche.

Rythme

Aspect cyclique des phénomènes physiologiques
et comportementaux.
Il existe différents rythmes, dont la période peut
être :
– de 24 heures (rythme, dit nycthéméral,
des activités comportementales, de la température
du corps) ;
– beaucoup plus brève (rythmes ultradiens) ;
– ou plus grande (rythmes infradiens).
La chronobiologie* et la chronopsychologie étudient
ces différents rythmes, qui sont considérés comme
le produit d'« horloges* » internes synchronisées,
mises à l'heure par certains facteurs
de l'environnement (alternance jour-nuit, par
exemple).

Contrôle hormonal
On parle beaucoup
de la mélatonine
(hormone de
l'épiphyse), dont
la sécrétion est plus
faible le jour que
la nuit. Son activité
est donc semblable
à de nombreux
cycles
comportementaux.

Sadisme

Lors du stade anal*, l'enfant prend un plaisir
sadique à maîtriser l'objet pour la première fois
de sa vie. Ce plaisir consiste soit à supprimer l'objet
(déféquer), soit à retenir ses matières fécales, ou
encore à souiller volontairement, cela afin de jouir
de ce pouvoir qu'il impose à son entourage.
Généralement, le sadisme traduit le plaisir que
ressent un sujet en imposant à un semblable de
la souffrance physique ou morale.

Sauvage (enfant)

Les enfants dits sauvages sont des enfants élevés
très tôt en isolement social (séquestrés) ou bien
vivant dans la nature et adoptés peut-être par
des animaux. Le cas le plus connu est celui du petit
Victor, « sauvage de l'Aveyron », pris en charge
par le docteur Jean Itard (1774-1838). Ce dernier
a éprouvé sur lui une méthode pédagogique dont

Un succès très limité
Les techniques de dressage utilisées par Jean Itard avec Victor (enfant sauvage de l'Aveyron) ont permis des acquisitions, des apprentissages, mais non un véritable développement de l'activité intellectuelle.

Un test pour la scène primitive
Certaines images du test de « Patte noire » renvoient l'enfant à ce qu'il a perçu ou imaginé des relations sexuelles de ses parents.

le succès a été très limité. On pense aujourd'hui que les enfants laissés livrés à eux-mêmes présentaient des symptômes* autistiques et auraient été, pour cette raison, abandonnés par leurs parents. Cette considération limite la portée théorique d'un développement hors du contexte social humain.

Scène primitive

La psychanalyse* nomme « scène primitive » le souvenir qu'a le sujet d'une scène représentant ses parents lors du coït. Ce souvenir peut être réel ou imaginaire.

Schème ▲

Structure de base des conduites*. Ces structures sont dynamiques et, pour Jean Piaget*, qui a beaucoup utilisé le terme, se modifient par assimilation* au cours du développement*.

Schizophrénie

Le terme de schizophrénie désigne un groupe de psychoses* qui ont une base commune : la dissociation psychique. La dissociation est un processus de division qui touche les secteurs les plus importants de la personnalité* : l'affectivité*, l'intelligence* et la psychomotricité*. La souffrance psychologique est extrême. Le sujet, progressivement ou brutalement, va se détacher du monde et s'enfoncer dans une mutation irréversible qui se traduira par des comportements étranges, un système de pensée paradoxal, dépourvu d'affects*, une activité délirante incohérente conduisant, peu à peu, à un repli autistique.

Sélection

Notion clef de la théorie de l'évolution*
de Darwin*. La sélection naturelle joue sur
le mode de la sélection artificielle des éleveurs
d'animaux, par exemple. Elle trie les individus
porteurs des caractères les plus adaptés
au milieu de vie. Elle constitue ainsi le moteur de
l'évolution des espèces.

Sémiologie ▲

Science des signes* et de leur fonction sociale
de communication*. Ces signes sont constitués
par les différentes langues, codes et significations.

Sensori-moteur (stade)

Phase du développement* de l'enfant au cours
des deux premières années.
Pour le psychologue* suisse Jean Piaget*,
c'est la mise en œuvre progressive
des coordinations entre la sphère sensorielle
et la motricité, entre la perception et l'action.
D'abord limitées, locales, ces coordinations
s'étendraient, se généraliseraient (locomotion,
par exemple).
Dans cette intelligence en acte, l'« intelligence
cognitive » trouverait ses racines.

Sexualité infantile

Nous devons à Sigmund Freud* d'avoir théorisé
des comportements caractéristiques de l'enfance
traduisant une véritable sexualité infantile ;
c'est-à-dire la recherche du plaisir à l'aide
d'une zone corporelle spécifique et de l'objet
adéquat.
Voir aussi Stade (du développement).

**Un terme
plus général**
Ce terme
se retrouve
appliqué au
conditionnement
skinnérien :
l'apprentissage
est la sélection
d'une des réactions
émises par un sujet.

**Sémiologie
et linguistique**
Roland Barthes
(*Éléments de
sémiologie*, 1964)
a étudié
la production et
l'utilisation des
codes et des signes,
y compris
linguistiques.

Au début
était
le geste
Le geste, quand
il fait partie
d'un langage
gestuel
(sourds-muets),
est le plus souvent
purement
arbitraire, non
« motivé »,
c'est-à-dire
qu'il n'a aucune
ressemblance
avec ce
qu'il désigne.

Signe

Le signe, qu'il soit verbal ou non, est une entité conventionnelle qui n'a aucune ressemblance avec la réalité qu'il désigne ou dénote. Le signe linguistique est composé d'un signifiant* (aspect acoustique, phonétique d'un mot) et d'un signifié (concept*) lié par une relation de signification* au signifiant. La psychanalyse* lacanienne repose sur une conception de « l'autonomie » des signifiants par rapport aux signifiés.

Signifiant ▲

Les processus que l'on trouve dans le champ analytique sont déterminés par l'autonomie et la logique du signifiant. Les phénomènes psychiques s'accomplissent au travers du symbolique*, et Jacques Lacan* va s'employer à démontrer les effets produits sur l'homme par le signifiant. Il écrit dans *Le Séminaire*, Livre I, *Les Écrits techniques de Freud*, 1975 : « *Le signifiant, c'est le matériel audible, ce qui ne veut pas dire pour autant le son. Tout ce qui est de l'ordre de la phonétique n'est pas pour autant inclus dans la linguistique en tant que telle. C'est du phonème qu'il s'agit, c'est-à-dire du son comme s'opposant à un autre son, à l'intérieur d'un ensemble d'oppositions.* » Les signifiants sont détachés de tout signifié, ils s'agencent entre eux en fonction de lois particulières et déterminent le sujet*. L'être humain est aliéné à des signifiants non repérables dans le langage* conscient* et qui, dans un arrangement singulier, phonétique, le contrôlent et le maintiennent dans le phénomène de répétition*. Le but de la cure analytique* sera de repérer ces lois libres de tout contrôle du moi*,

SOCIALE (PSYCHOLOGIE)   175

dans un ordre symbolique préexistant, étranger
à l'activité consciente du sujet.
Voir aussi Inconscient.

Sismothérapie

Technique de traitement de la mélancolie*
et de certaines psychoses* (schizophrénie*) par
application d'électrochocs au cerveau.

SKINNER (Burrhus Frederic)

Psychologue* américain béhavioriste (1904-1990),
spécialiste de l'apprentissage*. Skinner met au
point un dispositif d'étude du « conditionnement*
opérant » : une « boîte » renfermant une pédale
ou une « cible », qui commande un distributeur de
nourriture. Il édifie, par l'étude du comportement*
de rats et de pigeons, les bases d'une « analyse
expérimentale du comportement » centrée
sur l'importance du renforcement* dans
les modifications des conduites. Il a transposé
à l'être humain ses résultats sur l'efficacité
des programmes de renforcement.

Sociale (psychologie)

Branche de la psychologie* centrée sur le rôle
des déterminants sociaux dans l'émergence et
la modification des conduites. Elle étudie
les phénomènes collectifs, particulièrement
les représentations*, la communication* (mass
media), les « organisations » (psychologie du
travail), etc. Elle applique les techniques de
la psychologie expérimentale* en laboratoire
(l'autorité*, par exemple), utilise les entretiens
et questionnaires et mène des observations* sur
le terrain.

**Un lien dans
un domaine
de significations**
Pour Lacan,
la qualité
du signifiant réside
dans son caractère
combinatoire.
C'est le cas
précisément du
symptôme, qui
contient beaucoup
de significations
très variées.

**Conception
sociologique**
Le sociologue
Émile Durkheim
(1858-1917)
a défini les faits
sociaux comme
purement collectifs.
Ce concept a été
repris et adapté
en psychologie
sociale par
Serge Moscovici.

Socialisation

Employé parfois pour les animaux, ce terme
recouvre toutes les acquisitions réalisées par
un individu en ce qui concerne les règles de
la société où il s'inscrit.
Ces acquisitions résultent d'une interaction avec
l'entourage et non pas d'une empreinte vécue
passivement.

Sociobiologie ▲

**Ouvrage
de référence**
Edward O. Wilson
a publié en 1975
un gros ouvrage
intitulé
Sociobiology.

Théorie qui analyse les bases biologiques
(génétique*) des comportements* sociaux.
En éthologie* animale, la thèse la plus célèbre
est celle du biologiste américain
Edward Osborne Wilson (né en 1929), qui énonce
à la fois l'existence d'une détermination génétique
des comportements sociaux et les effets de
ces comportements sur le patrimoine génétique.

Sociométrie

Fondée par le psychologue* Jacob Levy Moreno
(1892-1974), il s'agit de la partie de la psychologie
sociale* qui mesure les interactions
comportementales se produisant entre tous
les membres d'un groupe social. Le but est
de révéler les liens affectifs et les statuts* individuels.
La représentation de ces interactions (agressives,
préférentielles, etc.) s'effectue sous la forme
de graphiques appelés sociogrammes.

Somatisation

Trouble organique indiquant un conflit*
intrapsychique ou un traumatisme. Il peut
se manifester dans les cas de dépression*
et d'anxiété*.

Sommeil

État de l'organisme s'opposant à celui de veille
et qui se caractérise par l'absence d'interaction
consciente avec le milieu extérieur. Le rythme*
veille-sommeil évolue dans la première enfance.
Le sommeil alterne, 4 à 5 fois par nuit, deux
phases :
– celle dite du sommeil lent, parce que
l'électroencéphalogramme (EEG) révèle des ondes
de plus en plus lentes ;
– celle dite du sommeil paradoxal, parce que l'EEG
présente un tracé d'éveil. Les rêves* semblent
se produire au cours de cette dernière phase.

Somnambulisme

Activité motrice, locomotrice même, produite par
un sujet endormi. Au réveil, le sujet ne se souvient
pas de s'être levé et d'avoir accompli certains
actes qui lui sont habituels dans la journée.
Le somnambulisme ne doit pas être confondu avec
le « sommeil » hypnotique sous suggestion.

Souvenir écran

Il s'agit d'un souvenir d'enfance extrêmement net
et précis, sans importance apparente, qui peut être
réel ou fantasmé, mais qui, comme son nom
l'indique, sert d'écran à une représentation*
libidinale interdite.

Spéculaire (relation) ▲

Jacques Lacan* écrit dans *Le Séminaire*, Livre I,
Les Écrits techniques de Freud, 1975 : « À l'origine,
avant le langage*, le désir* n'existe que sur le seul
plan de la relation imaginaire* du stade spéculaire,
projeté, aliéné dans l'autre*. » Il s'agit de la relation

Tout ce que l'on souhaite ! mais…
Lacan, dans son enseignement, souligne une vérité fondamentale pour l'être humain : *« Le désir s'éclaire de ce qui le cause et non de ce qui prétend le satisfaire. »*

qui s'institue entre l'enfant et son semblable, celui qui lui vole sa place auprès de sa mère. Lorsque l'enfant voit un autre que lui au sein de sa mère, son désir se manifeste, car il voit l'objet susceptible de le combler. C'est donc par l'autre que son désir lui est signifié. Cette situation intenable le conduit à désirer la destruction de l'autre. Jacques Lacan écrit : *« Le désir du sujet ne peut dans cette relation se confirmer que d'une concurrence, que d'une rivalité absolue avec l'autre, quant à l'objet vers lequel il tend ; et chaque fois que nous approchons, chez un sujet, de cette aliénation* primordiale s'engendre l'agressivité* la plus radicale – le désir de la disparition de l'autre en tant qu'il supporte le désir du sujet. »*

SPITZ (René Arpad)

Psychanalyste* américain (1887-1974), né en Autriche, qui a étudié les effets dramatiques des carences affectives pendant la prime enfance. *Voir aussi* Hospitalisme.

Split brain

En laboratoire
La technique expérimentale du *split brain* appliquée à l'animal permet d'essayer de mettre en évidence des différences fonctionnelles existant entre les deux hémisphères du cerveau.

Technique chirurgicale consistant à séparer les deux hémisphères cérébraux au niveau de leurs commissures (corps calleux). Cette technique donne de bons résultats dans le traitement des patients épileptiques.

Stade (du développement)

En psychologie de l'enfant*, le développement* semble suivre des étapes successives bien caractérisées, telles que celles décrites par Jean Piaget* ou Henri Wallon*. Aujourd'hui, l'idée de succession stricte de stades est critiquée. Dans

la théorie freudienne, le terme de stade ne renvoie pas à l'évolution. Il traduit une certaine stabilité (entre plaisir* et déplaisir) de la libido*. La libido s'oriente et investit une zone du corps particulière qui devient zone érogène. Il existe quatre stades : oral*, sadique-anal*, phallique* et génital*.
À ces stades correspond un choix d'objet différent et spécifique. Exemple : au stade oral, le bébé aura comme objet tout ce qui peut se dévorer (le sein, la sucette, le nounours, ses doigts, etc.).
Ce qui définit le mode d'organisation de la pulsion* n'est pas l'objet lui-même, mais le caractère de l'activité que le sujet entretient avec l'objet. Par exemple, l'objet oral peut être investi sur un mode anal* et, bien que s'alimenter soit une nécessité vitale, l'anorexique refusera de le faire (maîtrise).

Statut

La notion de statut renvoie clairement à la place, au rang qu'occupe un individu dans ce qu'il est convenu d'appeler la hiérarchie sociale. Le statut s'accompagne de fonctions, de rôles*. Il est surtout caractérisé par la proximité avec des acteurs sociaux en relation plus ou moins étroite avec les centres de décision (distance sociale). Cette distance fonde une échelle de prestige, de préséance régie plus généralement par les représentations* sociales. La notion de pouvoir est liée à celle de statut, mais aussi à celle de devoir. L'appréciation de son propre statut n'est pas forcément en accord avec l'estimation des autres acteurs. Il s'ensuit des remises en cause qui sont source d'évolution. La psychologie sociale* étudie aussi le lien (non évident) entre statut et opinions*.

Relativisation
La hiérarchie semble exister chez de nombreuses espèces animales, mais l'ordre de priorité est souvent fonction des activités en cours (chasse, déplacement, combat…).

STERN (William)
Voir Différentielle (psychologie).

Stimulus
Élément de l'environnement d'un sujet qui joue
le rôle d'« aiguillon » (étymologie de stimulus) et qui
provoque une réaction comportementale.

Stress
Effet émotionnel d'un événement menaçant
ou contraignant pour le sujet. Il peut entraîner des
perturbations organiques (exemple : ulcère
de contrainte). Le système nerveux végétatif et
le système endocrinien (sécrétion d'adrénaline)
réagissent, permettant ainsi au sujet de mobiliser
son énergie pour réagir.

Structure ▲
Notion centrale de la théorie structuraliste, ossature
d'un ensemble d'éléments qui, en tant que telle,
donne cohésion à l'ensemble. Développée en
linguistique, la structure du langage* est aussi au
centre de la psychanalyse*, où elle caractérise
les différentes organisations psychiques : névrose*,
psychose* et perversion*. La structure définit
un mode de fonctionnement singulier par rapport
aux objets et aux autres*.

Sublimation
La sublimation est le mécanisme de défense* le plus
réussi pour le sujet. Il consiste à détourner la
pulsion* sexuelle de son but premier et à la diriger
vers une activité plus noble (telle que, par exemple,
la création) non pas dans son résultat (reconnu
ou non), mais dans l'activité qu'elle constitue.

Sujet ▲

Instance qui est au cœur de la psychologie*, définie
comme science du sujet et de son fonctionnement
psychologique (affectivité*, cognition*).
En psychanalyse*, il est « être de désir* », sujet
du désir qui ne se manifeste que dans
les « formations de l'inconscient* », comme le lapsus*.
Il se différencie du moi*, relevant de l'imaginaire*
et obstacle à la connaissance du désir.
La psychanalyse appelle donc « sujet » la partie
de l'individu qui est désirante, inconsciente,
inconnue. C'est cette partie qui échappe au contrôle
et à la volonté de l'être humain et qui pourtant le
détermine. Il n'est pas l'homme social, pas plus que
le personnage idéal. Le sujet n'est pas à découvrir
dans une quelconque profondeur. Il est les fils
de chaîne et les fils de trame des mots dont chacun
de nous, singulièrement, dépendons.

Surmoi

Instance psychique qui a pour rôle de contrôler
le moi*. Le surmoi pousse le sujet à rester fidèle à
une conscience morale. Il le pousse parfois vers
des idéaux impossibles à tenir. Il peut être sadique,
exigeant, toujours plus…, il peut ne pas laisser
le sujet en paix. Sigmund Freud* a décrit
cette instance comme s'étant formée par
intériorisation des interdits parentaux.
C'est une figure d'autorité* qui rend coupable celui
qui la défie. Jacques Lacan* fait remarquer que
la fonction du surmoi excède celle du symbolique*,
qui est plus pacifiant pour le sujet. Il dira que
cette instance qui parle sans cesse pousse à
la jouissance*. C'est la voix de la conscience* qui
ne tolère aucun écart et qui dicte la conduite

du sujet de façon impérative : « Ne fais pas ça »,
« Ne dis rien, encaisse », « Tu es un sujet mauvais,
tu dois payer », etc.

Symbole

Depuis l'invention de l'ordinateur, symbole
a pris le sens de substitut arbitraire et conventionnel
de quelque chose, acception qui était réservée
au signe* linguistique. De ce fait, le signe
est devenu une notion plus large recouvrant
les icônes, les indices et les symboles. Il résulte
une confusion certaine de ce changement
de définition.

Symbolique ▲

Pour la psychologie*, le symbolique, c'est
l'ensemble des signes* ou symboles* définis
comme des substituts, des représentations*
de la réalité. Pour la psychanalyse*, l'être humain
est un être de langage* et le symbolique traduit
la structure* de ce langage dont il dépend.
L'ordre symbolique est une structure inconsciente
universelle conçue comme la chaîne des signifiants*
extérieure au sujet.
Ce fait inhérent à l'être humain a pour
conséquence que ce n'est pas dans la signification*
que le sujet trouve « sa vérité » mais uniquement
dans le « travail » des signifiants qui conditionne
sa vie.

Image acoustique
Dans *Cinq Psychanalyses*,
de Sigmund Freud,
« l'homme au rat »
veut être moins
gros. Or « gros »
se dit *dick* en
allemand, et Dick
est justement
le nom du rival
qu'il veut tuer.

Symptôme

Pour la psychanalyse*, le symptôme n'est pas
le signe d'une maladie. Le symptôme est
un processus subjectif qui révèle un conflit*
inconscient dans lequel le sujet s'est empêtré,

c'est-à-dire dans lequel tout son être est engagé, et que, d'une manière compulsive, il exprime dans toutes les circonstances de sa vie.

Syncrétisme ▲
Qualifie une opération cognitive du jeune enfant qui consiste à embrasser la réalité sans activité d'analyse de ses éléments et des relations qui existent entre eux. Pour Wallon*, cette pensée ne commence à disparaître qu'à partir de l'âge de 6 ans, pour laisser place à la pensée catégorielle.

Szasz (Thomas Stephen)
Psychanalyste* et psychiatre* américain d'origine hongroise (né en 1920). Ses idées sont révolutionnaires. Il a été renvoyé de son poste de professeur à New York à cause des critiques qu'il émettait sur les traitements psychiatriques. *Voir aussi* Antipsychiatrie.

Lire
Le Mythe de la maladie mentale, 1961.

Tabou

C'est un interdit qui a pour particularité de maintenir
un ordre social et moral : le tabou de l'inceste*,
par exemple.

Territoire

En éthologie*, le territoire est la portion du domaine
vital que défend un animal contre des intrus.
Cette zone englobe le nid ou le terrier. La défense
du territoire est plus active en son centre qu'à
la périphérie. Le propriétaire d'un territoire a, en
général, un ascendant psychologique sur ses
congénères moins bien lotis et gagne ses combats
contre eux.

Thérapie comportementale

Technique de soin appliquant les principes du conditionnement*. Tout trouble du comportement* est considéré comme acquis, c'est-à-dire comme résultant d'un apprentissage*. La thérapie comportementale consiste donc à « désapprendre », à déconditionner. En plus d'exercices de relaxation*, deux méthodes sont utilisées :
– la désensibilisation* systématique, qui, par exemple, réalise pas à pas une familiarisation avec un objet phobique ;
– l'immersion*, qui consiste à plonger directement le sujet dans la situation anxiogène.
Deux procédures se succèdent souvent :
on demande au sujet d'imaginer objet et situation avant qu'il ne soit mis en contact réel avec eux.

TINBERGEN (Nikolaas)

La hiérarchie des centres
Les activités instinctives sont, selon Tinbergen, sous le contrôle de structures nerveuses organisées hiérarchiquement.

Naturaliste britannique d'origine néerlandaise (1907-1988). Prix Nobel de médecine en 1973.
Il a collaboré avec Konrad Lorenz* à l'élaboration de l'éthologie* (objectiviste). Il a mis au point la technique des leurres, esquisses des stimuli qui déclenchent les comportements* instinctifs.
Son but était de mettre en évidence leurs caractéristiques fondamentales : la tache au bout du bec des parents goélands déclenche chez le jeune l'ouverture du gosier.

Topique

Sigmund Freud* a introduit ce terme afin de conceptualiser sa théorie de l'organisation de l'appareil psychique*, en décrire un schéma spatial dans lequel les instances psychiques constituent un lieu. La première topique décrite par Freud

contient l'inconscient*, le préconscient* et
le conscient* ; la deuxième topique, le ça*, le moi*
et le surmoi*.

Trace mnésique
Nomme une modification durable subie par
les structures nerveuses lors de la mise en jeu
de la mémoire* (au cours d'un apprentissage*,
par exemple).

Transactionnelle (analyse)
Psychothérapie* récente fondée sur
la communication*. Dans une interaction, un individu
peut se conduire avec un moi* « infantile », « adulte »
ou « parental ». Il peut agir aussi en conjuguant deux
moi (« jeu* ») et s'aliéner à un projet (scénario).
La thérapie vise à débarrasser le sujet des jeux et
du scénario et à se conduire avec un moi « adulte ».

Transfert (d'apprentissage)
Il s'agit d'un phénomène de facilitation ou
de perturbation de la résolution d'une tâche dû
à une acquisition, un apprentissage* préalable.
On parle alors soit de transfert positif, soit
de transfert négatif.

Sens commun
On emploie aussi
« transfert » au sens
habituel, comme
dans « transfert
de pouvoir
d'un stimulus
à un autre »
ou dans « transfert
de connaissances ».

Transfert (en psychanalyse)
L'individu qui consulte un psychanalyste* et lui
demande de l'aider, car, dans sa vie, « ça ne tourne
pas rond », suppose que cet analyste* sait quelque
chose de la nature humaine et donc qu'il va savoir
quelque chose de lui. On dit que l'analysant*
suppose un savoir à l'analyste. Cette position
de « demande* » crée un lien de confiance, un lien
affectif appelé « transfert ».

Transsexuel

Sujet qui se comporte comme s'il était de l'autre sexe, mais qui, à la différence de l'homosexuel, se pense comme tel. Il ira jusqu'à l'opération chirurgicale pour mettre en adéquation son sexe biologique et son sexe psychologique.

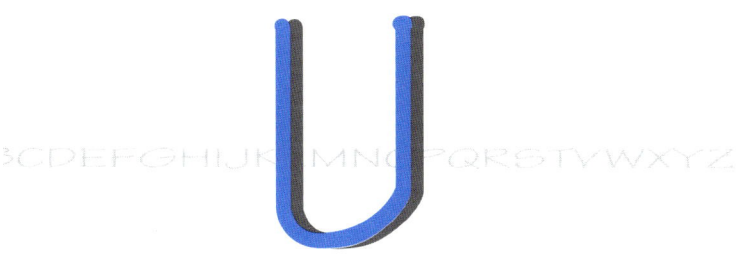

Umwelt

Notion que l'on doit au naturaliste allemand
(éthologie* subjectiviste) Jacob von Uexküll (1864-
1944) et qui désigne le monde de perception
et d'action tel qu'il est vécu par chaque espèce
animale. Cette dimension de la relation entre un
individu et le mode extérieur permet de caractériser
l'animal comme un « sujet » (et non comme
une mécanique). Konrad Lorenz* s'est inspiré,
en partie, de ces idées. En aucun cas il n'existe
un monde unique pour tous les êtres vivants.
Chaque espèce possède un monde propre de
construction d'une réalité à partir du réel physique,
matériel (*Welt*). Chez l'homme, ce « réel » physique
est aussi construit… par le physicien…

**Relativisation
extrême**
Si chaque espèce
a son monde
propre, on peut
aussi penser que
les individus
d'une même espèce
ne partagent
pas exactement
la même réalité.

Verbalisation

Comportement qui consiste à tenter d'exprimer, sous
forme de mots, son vécu et ses états d'âme, comme
c'est le cas dans la cure analytique* définie comme
« *talking cure* ».

Vieillissement

Modifications organiques et psychologiques,
particulièrement cognitives (mémoire*), qui se
produisent dans la dernière partie de la vie.
La science du vieillissement est la gérontologie*.
Avec l'allongement de l'espérance de vie,
cette discipline a un intérêt appliqué évident.

On appelle sénescence un processus qui démarre dès la fin du développement* et conduit à la sénilité.

Vigilance

État d'excitation de l'organisme. Cet état varie du sommeil* profond (niveau bas de vigilance) à l'irritation intense (phénomène de *sham rage*, « pseudocolère », état de furie chez les animaux), qui est le niveau supérieur de vigilance, en passant par différents degrés d'attention* et de concentration. Il existe des indices psychophysiologiques du niveau de vigilance d'un sujet, comme l'électroencéphalogramme (EEG), par exemple.

Électrophysiologie
La stimulation électrique grâce à des électrodes implantées dans une zone du cerveau (la formation réticulée) des chats produit tous les états de vigilance quand on fait varier l'intensité du courant.

Wallon (Henri)

Psychologue*, philosophe et neuropédiatre français
(1879-1962), il a fondé un laboratoire de
psychobiologie de l'enfant. Wallon a insisté sur
l'importance de l'affectivité* (émotions*) dans
le développement* de l'enfant. Il est à l'origine
de la psychologie scolaire et fonde, en 1948,
la revue *Enfance*. Ses conceptions du développement
intègrent la thèse évolutionniste de Darwin* et
le marxisme, définissant le milieu humain avant tout
comme un milieu social, bienveillant ou non, mais
où prédominent les comportements de coopération
(à la différence des animaux). Le rapport au monde
physique ne s'établirait qu'ultérieurement dans
le développement.

WATSON (John Broadus)

Psychologue* américain (1878-1958), il est
le fondateur du courant béhavioriste, dont il codifie
les principes méthodologiques dans un article paru
en 1913, « La psychologie* comme le béhavioriste
la conçoit ». Mettant en exergue l'objectivité de
l'observateur (à la différence de la subjectivité de
l'introspection*), il assigne à la psychologie l'étude
des situations et des comportements* manifestes
(schéma stimulus*-réponse) au détriment
des phénomènes psychiques non analysables
objectivement (image de la « boîte noire » où
l'on ne peut rien voir). Le béhaviorisme* a marqué
l'étude du comportement des êtres vivants, mais
de nombreuses critiques se sont accumulées et,
aujourd'hui, l'examen des fonctions psychologiques
(y compris par le biais de l'analyse comportementale,
d'ailleurs) reste l'objectif de la psychologie.

WECHSLER (David)

Psychologue* américain d'origine roumaine (1896-
1981) qui a mis au point un ensemble de tests pour
mesurer l'intelligence* en utilisant les statistiques
(indices de tendance centrale pour une population
donnée). Parmi ses tests de niveau ou échelles,
les plus utilisés sont le WISC (*Wechsler Intelligence
Scale of Children*) et le WAIS (*Wechsler Adult
Intelligence Scale*).

WECHSLER (tests de)

Tests mis au point par le psychologue* du même
nom. Il s'agit d'« échelles d'intelligence »
pour enfants et adolescents (4-6 ans et 6-15 ans)
et pour adultes qui mesurent le quotient intellectuel*
des sujets.

WERTHEIMER (Max)
Voir Köhler (Wolfgang).

WINNICOTT (Donald Woods)
Voir Objet transitionnel.

WUNDT (Wilhelm)
Wundt (1832-1920) est le créateur du premier laboratoire de psychologie expérimentale* à Leipzig, en 1879. Il a étudié la perception et les sensations. L'expérimentation en psychologie* repose, selon lui, sur l'introspection*.

Une méthode critiquée
Peut-on se passer de l'introspection, en dépit de sa subjectivité, pour saisir les ressemblances et les différences entre les autres et nous ?

BIBLIOGRAPHIE

Dictionnaires

CHEMAMA (Roland) (sous la direction de),
Dictionnaire de psychanalyse,
coll. « Les référents », Larousse, 1999 (nouvelle édition).

COLLECTIF,
Dictionnaire de la psychanalyse,
Albin Michel, 1997.

COLLECTIF,
Grand Dictionnaire de la psychologie,
coll. « Grands dictionnaires », Larousse, 1999 (nouvelle édition).

DORON (Roland), PAROT (Françoise),
Dictionnaire de psychologie,
coll. « Grands dictionnaires », PUF, 1998.

FRÖHLICH (Werner),
Dictionnaire de la psychologie,
coll. « La Pochothèque. Encyclopédies d'aujourd'hui », LGF, 1998.

HOUDÉ (Olivier), KAYSER (Daniel), KOENIG (Olivier), PROUST (Joëlle),
RASTIER (François),
Vocabulaire de sciences cognitives,
coll. « Psychologie et sciences de la pensée », PUF, 1998.

LAPLANCHE (Jean), PONTALIS (Jean-Bertrand),
Vocabulaire de la psychanalyse,
coll. « Quadrige », PUF, 1998.

POSTEL (Jacques),
Dictionnaire de psychiatrie et de psychopathologie clinique,
coll. « Les référents », Larousse, 1998.

ROUDINESCO (Élisabeth), PLON (Michel),
Dictionnaire de la psychanalyse,
Fayard, 1997.

SILLAMY (Norbert),
Dictionnaire de psychologie,
coll. « Les référents », Larousse, 1998.

Ouvrages de référence

BEAR (Mark F.), CONNORS (Barry W.), PARADISO (Michael A.),
Neurosciences : à la découverte du cerveau,
traduit et adapté par A. Niéoullon, Pradel, 1997.

BONNET (Claude), GHIGLIONE (Rodolphe), RICHARD (Jean-François),
Traité de psychologie cognitive, vol. 1,
Dunod-Bordas, 1990.

COLLECTIF (sous la direction de Daniel Andler),
Introduction aux sciences cognitives,
coll. « Folio-Essais », Gallimard, 1992.

DOR (Joël),
Le Père et sa fonction en psychanalyse,
coll. « Point Hors Ligne », Érès, 1998.

DUPUY (Jean-Pierre),
Aux origines des sciences cognitives,
coll. « La Découverte poche », La Découverte, 1999.

Freud (Sigmund),
Introduction à la psychanalyse,
coll. « Petite bibliothèque Payot », Payot, 1999.

Freud (Sigmund),
La Technique psychanalytique,
coll. « Bibliothèque de psychanalyse », PUF, 1992.

Freud (Sigmund),
La Vie sexuelle,
coll. « Bibliothèque de psychanalyse », PUF, 1992.

Hochmann (Jacques), Jeannerod (Marc),
Esprit, où es-tu ? psychanalyse et neurosciences,
Odile Jacob, 1991.

Koupernik (Cyrille), Lôo (Henri), Zarifian (Édouard),
Précis de psychiatrie,
Flammarion médecine sciences, 1982.

Lacan (Jacques),
Écrits, 2 vol., coll. « Points », Seuil, 1971.

Lacan (Jacques),
Les Écrits techniques de Freud : 1953-1954, Livre I,
coll. « Point », Seuil, 1998.

Lacan (Jacques),
Le moi dans la théorie de Freud et dans la technique
de la psychanalyse, Livre II,
coll. « Champ freudien », Seuil, 1978.

Lemperière (Thérèse), Féline (André), avec la collaboration de Annis
Gutmann, Jean Adès, Christiane Pilate,
Psychiatrie de l'adulte, coll. « Abrégés de médecine », Masson, 1997.

MIRABEL-SARRON (Christine), VERA (Luis),
L'Entretien en thérapie comportementale et cognitive,
coll. « Thérapie », Dunod, 1995.

MOSCOVICI (Serge),
Psychologie sociale,
coll. « Fondamental », PUF, 1998.

POROT (Antoine) (sous la direction de),
Manuel alphabétique de psychiatrie,
coll. « Bibliothèque de psychiatrie », PUF, 1996.

POSTEL (Jacques),
La Psychiatrie,
coll. « Textes essentiels », Larousse, 1994.

REUCHLIN (Maurice),
Psychologie,
coll. « Fondamental », PUF, 1998.

RICHARD (Jean-François), BONNET (Claude),
GHIGLIONE (Rodolphe),
Traité de psychologie cognitive, vol. 2,
Dunod-Bordas, 1990.

Et dans la collection « Les Essentiels Milan »

ALBERTI (Christiane), SAURET (Marie-Jean),
La Psychanalyse, n° 34,
Milan, 1996.

CHAMPAGNE (Patrick),
La Sociologie, n° 102,
Milan, 1998.

GODAUX (Émile),
Le Cerveau, n° 21,
Milan, 1995.

LATERRASSE (Colette), BEAUMATIN (Ania),
La Psychologie de l'enfant, n° 86,
Milan, 1997.

LATERRASSE (Colette), BEAUMATIN (Ania),
L'Enfant et ses peurs, n° 123,
Milan, 1998.

SAURET (Marie-Jean),
Freud et l'inconscient, n° 125,
Milan, 1999.

Des mêmes auteurs

CARALP (Évelyne), GALLO (Alain),
Sciences cognitives et psychanalyse, n° 122,
Milan, 1998.

CARALP (Évelyne),
Ces maladies mentales nommées folie, n° 140,
Milan, 1999.

GALLO (Alain),
Les Animaux, psychologie et comportement, n° 135,
Milan, 1999.

INDEX (INTELLIGENT)

Pour chaque entrée repérée en bleu, le chiffre renvoie directement à la page où est défini le mot. Un ou plusieurs renvois complémentaires et facultatifs, indiqués par « *Voir aussi* », dirigent le lecteur vers un autre mot lié au concept en question.

DANS LA COLLECTION LES DICOS ESSENTIELS MILAN

Les Dicos Essentiels Milan proposent une promenade facile, ludique et intelligente dans tous les savoirs. 300 ou 400 termes essentiels permettent de découvrir et/ou d'approfondir un sujet quel qu'il soit : citoyenneté, multimédia, philosophie, art, littérature, économie, etc.

Le lecteur trouvera, dans ces dictionnaires d'un genre nouveau, le moyen rapide et efficace d'entrer de plain-pied dans un univers qui le questionne, l'interpelle ou l'intrigue.

Un outil de travail indispensable, agréable à lire, pratique à consulter et interactif, avec illustrations, infographies et hypertexte.

Le Dico du multimédia
Jérôme Colombain

Qu'est-ce qu'un modem ? Un mulot ? Un DVD ? Un hacker ? Que signifie réalité virtuelle ? De « @ » à « zip » en passant par « gigaoctet » et « Internet », ce dictionnaire, en quelque 400 termes, décrypte les nouveaux mots du multimédia. Un guide pour naviguer dans le « cybermonde »...

Le Dico du citoyen
Sylvie Furois

Quels sont les attributions, l'organisation et le fonctionnement des pouvo exécutif, législatif et judiciaire ? Qu'est-ce qu'une association, un pa politique, un syndicat ? Comment procéder pour effectuer des démarches administratives ? De l'éche de la commune à celle de l'Europe, en quelque 300 termes, ce dictionnai fournit des définitions précises et indispensables pour l'exercice de la citoyenneté.

Le Dico de la philosophie
Bertrand Vergely

La philosophie aide à fair la lumière sur ce que l'on vit, ce que l'on sait, ce que l'on fait ou ce que l'on espère. D'où sa nécess Le lecteur – désireux de découvrir ou simpleme de s'informer sur ce qu'il e

Le Dico des religions
Michel Reeber

...ue savons-nous des
...ndateurs des principales
...octrines religieuses ?
...uels messages véhiculent
...s textes sacrés ?
...u'est-ce qui distingue
...s grandes traditions
...ligieuses entre elles ?
...uelle est leur importance
...mérique ? Comment
...nt établis les rapports entre
...ligion et État ?
...e dictionnaire propose
...es définitions claires
... des notices concises
...our une première approche
...u fait religieux.

...nvenu d'appeler
... amour de la
...gesse » – trouvera,
...ns ce dictionnaire,
...elques rappels
...sentiels offerts
...sa méditation comme
... sa curiosité. Pour que
...ve en lui la philosophie.

Le Dico des sectes
Annick Drogou
Centre Roger-Ikor

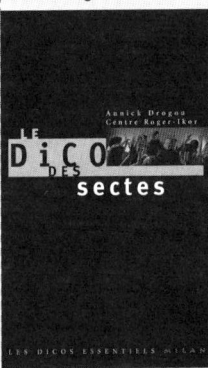

Les sectes font courir des
dangers tant aux individus
qu'aux valeurs
démocratiques. Cet ouvrage,
en quelque 400 entrées,
propose un exposé succinct
des groupes eux-mêmes.
De plus, de nombreux termes
y sont définis – âme,
médecine, totalitaire,
vibration, etc. – et sont
étayés de quelques paroles
de gourous. Parce que
l'information est le premier
critère de la prévention,
ce Dico, le seul du genre,
apparaît
comme indispensable.

Le Dico du français qui se cause
Pierre Merle

Le français qui se cause vit
sa vie dans l'Hexagone et
ailleurs, quelque part entre
argot, verlan, tchatche,
français branché,
politiquement correct et
langage des jeunes.
D'« abdo-kro » à « zupien »,
en passant par « keuf » ou
« avoir les bonbons qui
collent au papier », ce dico
propose quelque 1 000 mots
et expressions... pour être
pile-poil dans la mouvance.

Format : 11 x 18 cm
256 pages • Broché
Deux couleurs
Illustrations : dessins,
photos et infographies
Prix : 58 F
Diffusion : Le Seuil

DANS LA COLLECTION LES DICOS ESSENTIELS MILAN (SUITE)

Le Dico des sciences
Norbert Verdier

On laisse trop souvent croire que les sciences sont réservées à une élite parce qu'elles relèveraient d'un langage spécialisé trop technique.
À travers des définitions relevant de l'histoire, de la philosophie, des expériences quotidiennes de chacun ; à travers la vie ou l'œuvre de grands scientifiques, ce dictionnaire amène le lecteur à comprendre les principaux enjeux scientifiques actuels et à venir de nos sociétés.

Le Dico de l'amour et des pratiques sexuelles
Jacques Waynberg

Le langage sexuel est une langue vorace, vivant aussi bien d'expressions qui ont traversé les siècles que de jargons intimistes. Ici, entre «after-hours» et «zozo», plus de 1 000 mots d'aujourd'hui racontent des histoires de bonheur et de débandade, d'espérance et de débauche. Autant dire que chacun va, peut-être, relire dans ce dico une des parts les plus clandestines de sa vie privée. Un livre aussi personnel qu'un livre de chevet, sans tabou et accessible à tous.

Format : 11 x 18 cm
256 pages • Broché
Deux couleurs
Illustrations : dessins, photos et infographies
Prix : 58 F
Diffusion : Le Seuil

DANS LA COLLECTION
LES ESSENTIELS MILAN

DANS LA COLLECTION
LES ESSENTIELS MILAN (SUITE)

> liste par thèmes

DANS LA COLLECTION
LES ESSENTIELS MILAN (SUITE)

Responsable éditorial
Bernard Garaude
Directeur de collection – Éditio
Dominique Auzel
Secrétariat d'édition
Anne Vila
Correction – Révision
Élisée Georgev
Iconographie
Anne-Sophie Hedan
Conception graphique
Bruno Douin
Maquette
Lydia Chatry
Fabrication
Isabelle Gaudon
Sandrine Bigot
Flashage
Exegraph

Crédit photos
Alinari-Giraudon : couverture,
Botticelli, *Allégorie du printemps*
(détail) ; Giraudon : p. 4 ;
Photothèque René Magritte-
Giraudon : pp. 6-7 ;
Pix : pp. 10-11

Aubin Imprimeur, 86240 Ligugé. — D.L. octobre 1999. — Impr. P 59000